조선을 사로잡은
천재 예술가
김홍도

이야기/교과서/인물 김홍도

초판 제1쇄 인쇄일 2019년 4월 20일
초판 제1쇄 발행일 2019년 4월 25일
글 이재승, 신지승 그림 김영혜
발행인 이원주 본부장 김문정
편집 윤보영, 김하나, 이은영 디자인 박준렬, 권영은
마케팅 김동준, 안병배, 박병국, 명인수, 이예주
저작권 이경화 제작 김영훈
발행처 (주)시공사 주소 서울시 서초구 사임당로 82
전화 영업 2046-2800 편집 2046-2821~9
인터넷 홈페이지 www.sigongjunior.com

ⓒ 이재승, 신지승, 김영혜, 2019

이 책의 출판권은 (주)시공사에 있습니다.
저작권법에 의해 한국 내에서 보호받는 저작물이므로, 무단 전재와 무단 복제를 금합니다.

ISBN 978-89-527-8889-4 74990
ISBN 978-89-527-8164-2 (세트)

시공주니어 홈페이지 회원으로 가입하시면 다양한 혜택이 주어집니다.
잘못 만들어진 책은 구입하신 서점에서 바꾸어 드립니다.

사진 자료 제공 | 9-10쪽 수원문화재단 | 12쪽, 30-31쪽, 44쪽, 54-55쪽, 108쪽 국립중앙박물관(공공누리 제1유형)
15쪽 연합뉴스 | 95쪽, 108쪽 간송미술문화재단

KC마크는 이 제품이 공통안전기준에 적합하였음을 의미합니다.
제조국 : 대한민국   사용 연령 : 8세 이상
주의 사항 : 책장에 손이 베이지 않게, 모서리에 다치지 않게 주의하세요.

조선을 사로잡은
천재 예술가

김홍도

이재승, 신지승 글 | 김영혜 그림

시공주니어

차례

작가의 말 … 6

김홍도을 찾아가다 … 8

1장 평생을 이끌어 준 한 사람 … 18
역사 한 고개 표암 강세황 … 30

2장 오직 실력으로 임금의 화가가 되다 … 32
역사 한 고개 규장각과 도화서 … 44

3장 수만 번의 붓질을 해서라도 … 46
역사 한 고개 초상화 … 54

4장 임금 앞이라도 할 말은 한다 … 56

5장   배움엔 끝이 없다 … 64

6장   풍류를 즐기던 진정한 예술가 … 72

7장   산수화의 새로운 지평을 열다 … 82
　　　　역사 한 고개 관념 산수화와 진경 산수화 … 94

8장   모든 분야에서 최고의 기량을 … 96
　　　　역사 한 고개 풍속화 … 108

9장   애틋한 마음을 담아 … 110

김홍도에게 묻다 … 122
김홍도가 걸어온 길 … 126

김홍도를 만나다

　혹시 김홍도라는 이름을 들어 봤나요? 김홍도가 누구인지 모르는 친구라고 해도 〈씨름〉이나 〈서당〉 그림을 보여 주면 아마 "아, 이 그림!" 하고 말할 거예요. 이처럼 단원 김홍도는 우리에게 풍속화로 잘 알려진 화가랍니다.
　그런데 김홍도는 풍속화만 잘 그렸던 것이 아닙니다. 신선 그림도 힘이 넘치게 잘 그렸으며, 임금의 초상을 그리는 어진 화사로도 세 번이나 뽑혔답니다. 김홍도가 그린 꽃과 새 그림, 나라의 행사를 기록한 그림은 사진처럼 사실적이고 세심했으며, 부드럽고 섬세하게 우리의 산수를 담은 진경 산수화는 후대의 모범이 되었습니다. 이처럼 김홍도는 그림의 모든 분야에서 최고의 기량을 보여 준 천재 화가였답니다.

또한 김홍도가 그린 그림의 인물들은 다른 화가들의 그림과는 다르게 한결같이 우리나라 사람의 얼굴을 하고 있어요. 자연의 모습을 그린 김홍도의 진경 산수화는 우리의 아름다운 자연의 경치를 그대로 담아냈고요. 그래서 사람들은 김홍도를 한국의 아름다움을 가장 잘 표현한 화가라고도 합니다.

이 책은 다양한 분야의 그림을 두루 잘 그리는 천재 화가이면서도 우리네 모습이 담긴 그림을 그리기 위해 치열하게 노력한 김홍도의 이야기를 담고 있습니다. 김홍도는 중인이었지만 양반 못지않은 교양을 갖추기 위해 꾸준히 학문을 닦았고 최고의 작품을 완성하기 위해 수만 번의 붓질도 마다하지 않았습니다. 또 끝없이 노력하여 다양한 기법을 최고의 수준으로 끌어올릴 수 있었죠. 타고난 재주에도 자만하지 않고 자신의 꿈을 이루기 위해 끝없이 노력한 김홍도처럼 여러분도 항상 최선을 다하며 자신의 꿈을 키워 나가기를 바랍니다.

이처럼 이 책을 읽으면 김홍도가 어떤 삶을 살았는지, 김홍도의 삶을 통해 우리가 배울 점이 무엇인지 생각해 보는 기회를 가질 수 있습니다. 또한 당시에 일어난 역사적 사실들을 제대로 아는 기회도 얻을 수 있습니다. 김홍도의 모습을 통해 여러분의 삶을 되돌아보고 앞으로 어떻게 살아가야 할지 방향을 정하는 데에 도움이 되었으면 합니다.

그럼 이제 책장을 넘겨 김홍도의 삶 속으로 들어가 볼까요? 김홍도가 우리에게 어떤 삶의 이야기를 들려주고 싶은지 가만히 귀 기울여 봅시다.

이재승, 신지승

● 김홍도를
　찾아가다

화성 행궁
수원 화성 안에 지어진 행궁으로, 정조가 아버지의 묘인
현륭원에 행차할 때 임시 거처로 사용하던 곳.
우리나라의 행궁 중 가장 규모가 크고 아름답다.
경기도 수원시 팔달구 정조로 825

"아, 시원해. 이제 살 것 같아요."

따가운 햇살이 세차게 내리는 한여름, 화성 행궁으로 향하는 화성 어차를 탄 해성이가 어차 밖으로 살짝 얼굴을 내밀고 웃으며 말했다. 해성이네 가족은 방학마다 우리나라 팔도 중 한 곳을 정해 여행을 떠난다. 이번 여름 방학의 여행지는 경기도로, 수원이 첫 출발지였다.

"엄마, 손가락이 너무 아파요. 국궁 체험을 하면서 활시위를 너무 세게 잡아당겼나 봐요."

"우리 해성이가 과녁을 맞히려고 안간힘을 쓰더니 손가락 힘만 썼나 보구나."

"치, 내 화살은 제대로 나가지도 않고. 다시는 국궁 같은 거 안 할 거야."

해인이는 재미있겠다며 먼저 하고 싶다고 성화를 부리더니 뜻대로 되지 않자 애꿎은 화살을 탓하며 투덜거렸다.

"그래도 해인이보다는 제가 잘한 것 같아요. 해인아, 힘내라! 헤헤."

"아빠, 오빠가 또 놀려요."

국궁 이야기로 티격태격하는 사이 시원한 바람을 일으키며 달리던 화성 어차가 화성 행궁에 도착했다.

"아빠, 화성 행궁이 뭐예요?"

'수원 화성'과 '화성 행궁'을 계속 중얼거리던 해성이가 물었다.

"정조가 수원 화성 안에 만든 궁궐이란다. 행궁이란 왕이 궁궐 밖으로 행차할 때 임시로 머물던 궁궐을 말해. 화성 행궁은 조선 시대에 만들어진 행궁 중 가장 큰 행궁이야."

화성 행궁의 정문, 신풍루

"수원 화성과 화성 행궁이 늘 헷갈렸는데 이제 분명히 알겠어요. 수원에 있는 성의 이름이 수원 화성, 그 성의 안에 있는 궁궐이 화성 행궁!"

해성이가 자신에 찬 표정으로 말했다.

"오빠, 화성 행궁 앞에서 공연을 하나 봐. 빨리 가 보자!"

화성 어차에서 내려 화성 행궁으로 향하던 해인이가 신나서 소리쳤다.

화성 행궁의 정문인 신풍루에서 사람들이 '무예 24기' 시범 공연을 펼치고 있었다. 멋진 공연이 끝난 뒤 무예 시범을 보여 준 공연단과 사진 촬영까지 하고 나서야 해성이와 해인이는 화성 행궁 안으로 들어섰다.

"엄마, 이곳의 관람 포인트가 김홍도의 그림이래요!"

해인이가 봉수당 정조 대왕의 처소 앞에서 안내판을 보며 말했다.

"어머, 그렇네. 정조 모형 뒤에 있는 저 병풍이 안내판에 적힌 〈주부자시의도〉 병풍인가 보구나."

"아빠, 김홍도가 정조와 같은 시대의 사람이에요?"

해성이가 물었다.

"그럼, 같은 시대 사람이지. 그뿐만 아니라 정조는 김홍도를 아주 아꼈단다. 김홍도는 정조를 만나 그 천재적인 재능을 활짝 펼칠 수 있었지."

봉수당 안에 재현해 놓은 〈주부자시의도〉 병풍

"정조 시대에 정약용이 활약한 것은 알았지만 김홍도도 그랬는 줄은 몰랐어요."

"모르는 사람이 더 많을 거야. 대부분 김홍도를 풍속화의 대가로만 생각하는데, 김홍도는 풍속화만 잘 그렸던 게 아니거든. 정조가 그림에 관한 일은 김홍도에게 다 맡겼다고 할 만큼 여러 분야에서 최고의 실력을 보인 화가였어."

"와, 정조가 김홍도에게 그림에 관한 일을 다 맡겼다고요?"

"그렇단다. 조금 전에 본 무예 24기 시범 공연은 〈무예도보통지〉라는 책을 바탕으로 재연한 것인데, 김홍도가 정조의 명을 받아 〈무예도보통지〉에 그림을 그렸다고 알려져 있어."

"와, 김홍도가 무술 그림도 그렸다는 게 신기해요."

옆에서 듣고 있던 해인이가 감탄했다.

해성이네 가족은 봉수당을 찬찬히 돌아보고 작은 문을 지나 뒤뜰로 향했다. 그런데 해성이가 뒤뜰 벽에서 눈을 떼지 못했다.

"오빠, 거기서 뭐 해?"

궁금한 해인이가 해성이를 쳐다보며 물었다.

"해인아, 이리 와 봐. 아주 많은 사람이 긴 벽에 쭉 그려져 있어. 말도 있고 가마도 있어. 이 그림은 뭐지?"

"우리 해성이가 이런 그림은 처음 보는구나. 저기, 그림의 맨 앞쪽으로 가 볼까? 그림 이름과 설명이 있을 거야."

"반차도? 이게 무슨 뜻이에요?"

해성이가 갸웃거리며 물었다.

"반차도는 나라에서 행사를 할 때 관리들이 늘어서는 차례와 행사 장면을 그린 그림이야. 이 반차도는 1795년 정조가 아버지 사도 세자의 묘에 참배하고, 어머니 혜경궁 홍씨의 환갑을 맞아 잔치를 하러 수원 화성에 행차하는 모습을 그린 것이지."

"그런데 왜 이렇게 사람이 많아요? 이 사람들이 다 같이 정조를 따라간 거예요?"

해인이도 그림에 관심을 보이며 물었다.

"기록에 따르면 정조의 행차에 여러 신하들뿐만 아니라 의원, 내시, 궁녀에 이르기까지 자그마치 6000여 명이 뒤를 따랐다고 해."

"우아, 6000여 명이나요? 정말 대단해요! 그럼 그 모든 사람을 그림으로 그려 남긴 거예요?"

해성이는 도무지 믿기지 않는다는 표정을 지었다.

〈화성원행반차도〉 일부

"그렇지. 그때는 그림으로 그려 기록을 남겼거든. 마치 우리가 사진으로 기록을 남기는 것처럼. 이 반차도에 6000여 명을 다 담은 건 아니고 총 1779명의 사람과 779필의 말이 등장한다고 해."

"누가 이런 어렵고 복잡한 그림을 그린 거예요?"

"김홍도가 정조의 명을 받아 여러 화원들과 함께 그린 작품이란다."

"김홍도요? 봉수당에서 본 병풍 그림을 그린 바로 그 김홍도요?"

"그래, 바로 그 김홍도지. 좀 전에 말했듯이 김홍도는 여러 방면의 그림을 두루두루 잘 그렸어. 이 그림에 등장하는 사람들을 하나하나 살펴보면 김홍도의 풍속화에 나오는 등장인물의 모습을 그대로 닮아 있어 재미있고 신기하단다."

"와, 김홍도는 진짜 대단한 것 같아요."

"하하, 우리 해성이가 김홍도에 대해 좀 알아 가는 것 같구나. 그럼 우리 김홍도의 흔적을 찾아 근처에 있는 용주사로 가 볼까?"

"용주사요? 용주사라는 절도 김홍도와 관련이 있나요?"

"용주사는 정조가 아버지인 사도 세자를 기리기 위해 지은 절이란다. 그 절에 있는 대웅보전에 김홍도의 흔적이 남아 있지."

"빨리 가서 보고 싶어요."

해성이네 가족은 화성 행궁에서 나와 용주사로 이동했다. 해성이는 용주사에 과연 어떤 김홍도의 흔적이 남아 있을지 너무 궁금했다. 그래서 용주사 주차장에 도착하자마자 재빨리 내달려 홍살문을 지나 소나무와 돌기둥이 줄지어 있는 길로 접어들었다.

"오빠, 같이 가."

뒤따르던 해인이가 빠르게 사라져 가는 해성이를 향해 소리쳤다. 해성이는 아랑곳하지 않고 혼자 계속 뛰어갔다.

"엄마, 아빠! 대웅보전에 김홍도의 흔적이 있다고 하셨는데 해설에는 그런 말이 없는걸요."

대웅보전에 먼저 도착해 해설을 읽어 보던 해성이가 이상하다는 듯 물었다.

"그래? 꽤 유명한 그림인데 설명이 없다고?"

"아빠, 빨리 알려 주세요. 김홍도의 흔적이 어디에 있단 거예요? 그림인가요?"

옆에 있던 해인이도 궁금한지 아빠에게 재촉했다.

"법당 안으로 들어가 보자."

해성이네 가족은 대웅보전 법당 안으로 들어갔다. 세 분의 부처님에게 절을 하고 법당 한 귀퉁이에 조용히 앉았다.

"저기 부처님들이 보이지? 저 부처님 뒤에 있는 그림을 후불탱화라고 한단다. 바로 저 그림을 김홍도가 그렸다고 기록되어 있지."

"김홍도가 불화를요? 불화는 불교의 내용을 그린 그림이라 불교의 교리를 아는 스님들만 그린다고 지난 여행 때 말씀하셨잖아요?"

해성이가 놀라며 물었다.

"그렇지, 대부분의 불화는 스님들이 그리지. 하지만 이 그림은 김홍도가 정조의 특별한 명을 받고 그린 거야."

"또 정조의 명을 받은 김홍도예요? 정조는 김홍도를 너무 혹사한 것 아니에요?"

"하하, 많은 그림을 그리게 했으니 그렇다고 볼 수도 있겠구나. 이 그림을 그리기 위해 김홍도는 중국까지 가서 새로운 기법을 익혀 왔단다."

"오, 김홍도는 중국 유학파네요?"

"중국 유학파? 그래, 중국 유학파지. 하하."

용주사 대웅보전의 후불탱화

"전 여태 김홍도를 그냥 풍속화가로만 알았는데, 오늘 화성 행궁과 용주사에서 김홍도와 관련된 그림들을 보면서 김홍도를 새롭게 알게 됐어요. 김홍도가 어떤 사람이었는지도 궁금해졌어요."

해성이가 사뭇 진지한 표정으로 말했다.

"그래? 그럼 이번에는 김홍도를 찾아 안산으로 여행을 이어 가 볼까?"

"안산이오?"

"안산시에는 김홍도의 호인 단원을 딴 곳이 있거든. 바로 단원구지!"

"단원구요? 어디서 많이 들어 봤는데……."

"잘 생각해 보렴."

"단원, 단원구……."

해성이는 영 기억이 안 난다는 듯 머리를 긁적였다.

"단원 고등학교라고 들어 봤지?"

"예, 2014년에 세월호 사건을 겪은 학교잖아요?"

"그래, 그 단원 고등학교가 바로 단원구에 있단다. 단원 고등학교와 단원구의 단원이 바로 김홍도의 호에서 딴 것이지. 또 안산에는 단원 미술관도 있고, 해마다 단원 미술제도 개최된단다."

"맞다! 이제 기억났어요. 그런데 왜 경기도 안산에 단원구가 있지? 안산이 김홍도와 관련이 있어요?"

"하하, 우리 해성이가 김홍도가 많이 궁금한가 보구나. 안산으로 가는 길에 김홍도에 대해 자세히 이야기해 줄게."

"와, 좋아요! 너무 기대돼요."

"먼저 안산에 단원구가 있는 것은……."

아버지가 차에 시동을 걸며 김홍도 이야기를 시작했다. 해성이는 김홍도에 관한 또 어떤 이야기가 펼쳐질지 기대하며 차창 밖으로 점점 멀어지는 용주사를 내다보았다.

1장
평생을 이끌어 준 한 사람

"이름이 무엇이라고?"

"김, 홍, 도라 하옵니다."

"그림 솜씨가 예사롭지 않구나. 그래, 나에게 그림을 배워 볼 생각이 있느냐?"

"정말이옵니까? 감히 제가 어르신께 그림을 배울 수 있겠사옵니까? 중인 신분인 제가 어찌."

"허허, 그런 말 말거라. 그림을 배우는 데 신분을 따져서 무엇 하겠느냐."

"감사하옵니다. 감사하옵니다, 어르신."

김홍도의 스승인 표암 강세황의 기록에 따르면 김홍도는 어려서부터 강세황에게 그림을 배웠다고 한다. 그 무렵은 강세황이 벼슬 없이 경기도 안산에 있는 처갓집에 머물면서 소일거리 삼아 동네 아이들을 모아 놓고 글이며 그림을 가르치던 때였다.

김홍도와 강세황, 두 사람은 서른세 살이라는 나이 차를 뛰어넘어 이때부터 평생의 인연을 맺게 되었다. 또한 김홍도는 강세황이라는 훌륭한 스승을 만나면서 천재적인 재능을 꽃피우기 시작했다.

"홍도야, 너는 그림이 무엇이라고 생각하느냐?"

"마음이라 생각하옵니다."

"왜 그리 생각하느냐?"

"마음에 따라 대상에 대한 느낌이 달라지는 것을 느꼈사옵니다. 그런 마음을 다진 다음에야 붓을 들 수 있었습니다. 그림은 보이는 대상을 단순히 옮기는 것이 아니라고 생각하옵니다."

"그래, 우리 홍도도 이제 그림을 이해하기 시작하는구나. 무릇 그림이란 그것을 그린 사람의 사람의 마음을 닮아 간다고 했다. 그렇기 때문에 아무리 그림 기예를 갈고닦는다 해도 학문을 소홀히 한다면 좋은 그림을 그릴 수 없는 것이다."

"예, 스승님. 마음에 새기겠습니다."

강세황은 어린 김홍도를 지그시 바라보며 부드럽게 말을 이었다.

"예부터 시서화, 즉 시와 글씨와 그림에 모두 뛰어난 사람을 '시서화 삼절'이라고 했다. 이 세 가지는 함께 익혀야 하는 것이란다. 글공부와 글씨 연습도 꾸준히 해야 하는 까닭을 알겠느냐?"

"예, 스승님. 글공부와 글씨 연습도 소홀히 하지 않겠습니다."

"그림은 마음이고 그 마음은 곧 인품이니라. 학문을 통해 너의 마음을 닦고 또 닦아야 하느니라."

스승인 강세황은 김홍도에게 그림만이 아니라 글과 글씨까지 가르쳐 주었다. 이런 스승 덕분에 김홍도는 단지 그림만 잘 그리는 화가가 아닌, 학문 실력과 인품도 훌륭한 화가로 성장할 수 있었다.

"홍도야, 인사드리거라. 여기는 현재 **심사정** 어르신, 여기는 호생관 **최북** 어르신 그리고 연객 **허필** 어르신이다."

"처음 인사드리겠습니다. 소인 김홍도라 하옵니다."

1763년의 맑은 봄날, 강세황은 벗들과의 모임에 김홍도를 데리고 갔다. 강세황은 학자나 예술가와 만나는 자리가 있을 때면 김홍도를 데리고 다녔다. 김홍도가 세상의 흐름을 알고 배움을 넓히길 바라는 마음에서였다.

"그래, 네가 홍도로구나. 이야기 많이 들었다."

심사정이 김홍도를 향해 부드럽게 웃어 보이며 말했다. 이어 허필과 최북도 김홍도에게 한 마디씩 건넸다.

"오호, 소문으로만 듣던 그 신동이 바로 너로구나."

"어디 오늘 신동의 그림 솜씨 한번 구경하자꾸나."

모임에서는 그림과 골동품을 감상하고, 악기를 연주하고, 바둑을 겨루고, 시문을 짓기도 하면서 시간을 보냈다.

"오늘처럼 이렇게 모이기도 힘든데 여기에 모인 우리가 합작으로 그림을 그려 보면 어떨지요?"

"그거 아주 좋은 생각입니다."

"표암께서 어찌 그려 나갈 것인지 정해 주시면 좋을 듯합니다."

"그럽시다. 전체적인 구도는 제가 잡도록 하지요. 나무와 바위는 현재 어르신께서 맡아 주시고, 채색은 호생관 어르신께서 해 주시는 것이 맞을 듯합니다. 그리고 연객 어르신께서는 **화제**를 써 주시지요."

강세황이 김홍도를 쳐다보고 빙긋 웃으며 말을 이었다.

"그리고 인물을 그리는 것은 여기 홍도에게 한번 맡겨 보는 것이 어떻겠습니까?"

"아니, 제가 어찌 어르신들과 함께 그림을 그린단 말입니까?"

김홍도가 깜짝 놀라 손사래를 쳤다.

"하하, 괜찮다. 너의 그림 솜씨도 구경하면서 우리 같이 멋진 작품을 남겨 보자꾸나."

심사정
조선 후기의 문인화가(1707~1769). 중국 남종화를 조선 특유의 화풍으로 완성했다.

최북
조선 후기의 화가(?~?). 산수화와 인물화에 뛰어났으며 기이한 행동으로 유명하다.

허필
조선 후기의 학자이자 서화가(1709~1761). 과거에 합격했으나 벼슬에 나가지 않고 학문에 열중하여 글씨와 시뿐만 아니라 그림도 잘 그려 삼절로 불렸다.

화제
그림에 써넣은 시를 비롯한 각종 글.

강세황의 배려 덕분에 열아홉 살의 김홍도는 당대 최고의 화가들과 함께 〈균와아집도〉를 그리는 행운을 얻게 됐다. 이런 경험을 통해 김홍도의 그림 솜씨도 눈에 띄게 발전했다.

"홍도야! 축하한다, 축하해. 드디어 네가 도화서 화원이 되는구나."

강세황이 김홍도의 두 손을 꼭 잡으며 말했다.

"전 스승님과 헤어져야 해서 아쉬운 마음뿐입니다."

"그런 말 말거라. 언제까지 지방에만 묻혀 있을 참이더냐. 이제 한양으로 가서 너의 꿈을 펼쳐 보거라."

"스승님, 아직 부족한 것이 많은 제가 잘할 수 있을지 염려되옵니다."

"아니다. 너는 잘할 수 있을 것이니 걱정 말거라. 인생에서 배우는 즐거움도 있지만 제자를 가르치는 즐거움이 더 크다 했거늘. 하늘이 낸 재주를 가진 너와 함께한 것이 내겐 너무나 큰 행운이었구나."

"저야말로 스승님을 만나 비로소 예술을 알게 되고, 세상을 바로 볼 수 있게 되었습니다. 무슨 말로 감사를 드려야 할지 모르겠습니다."

"도화서에 가서도 선배 화원들에게 많이 배워서 꼭 조선 최고의 화원이 되거라."

"예, 스승님. 명심하겠습니다."

김홍도는 스무 살 무렵 꿈에 그리던 도화서 화원이 되었다. 도화서는 나라에 필요한 온갖 그림을 도맡아 그리던 관청으로, 도화서에 소속된 화가를 '화원'이라고 불렀다. 그림 그리는 사람들에게 도화서 화원이 되는 것은 꿈이자 희망이었다.

도화서에 들어간 김홍도는 실력을 인정받아 궁궐의 각종 행사 그림을 도맡아 그리면서 승승장구했고, 스물아홉 살에는 **어진 화사**가 되었다. 어진 화사가 되는 것은 화원으로서 최고의 영광이었다.

차가운 공기가 스미는 1774년의 어느 겨울날 아침, 김홍도가 **사포서** 건물로 들어섰다.

"스승님, 밤새 편안히 주무셨습니까?"

"이 사람아, 이렇게 아침마다 들를 필요 없다니까."

"아닙니다. 이렇게 스승님을 다시 가까이에서 모시게 되다니 꿈만 같습니다."

"허허, 내 자네 같은 사람은 처음일세. 이렇게 예의가 바르니 말이야."

"다 스승님께 배운 대로 하는 것일 뿐입니다."

"내가 자네를 잘 가르쳤구먼, 하하. 자네가 이리 정성껏 보살펴 주니 이 늙은이가 무슨 걱정이 있겠는가? 고맙네, 고마워."

한때 김홍도와 강세황은 사포서에서 함께 일했다. 김홍도가 영조의 초상화를 그린 공으로 사포서 별제 벼슬을 하고 있었는데, 강세황도 예순두 살의 늦은 나이에 사포서에서 벼슬을 지내게 된 것이었다. 김홍도는 사포서에서 일하면서 더욱 예를 갖추어 스승을 대했다. 또한 연로한 스승의 일까지 챙기며 제자의 도리를 다했다. 강세황은 이런 김홍도를 더욱 아끼고 사랑할 수밖에 없었다.

"술에 취해 재판하는 모습, 대장간의 모습, 해산물 광주리를 머리에 인 아낙네의 모습 등 세상의 모습들이 너무 생생하여 기가 막히는구나. 역시

홍도 자네일세."

"과찬이옵니다."

"오호, 이 그림에선 말 탄 선비가 부채로 얼굴을 가린 채 목화 따는 아낙네를 몰래 훔쳐보는 모습을 장난스럽게 잘 표현했어."

"스승님의 장난기를 조금 흉내 내어 보았습니다."

"하하, 그래. 자네는 영락없는 내 제자일세그려. 자네가 그린 이 〈행려풍속도〉 병풍에 내가 화제를 써도 되겠나?"

"스승님께서 화제를 써 주신다면 저에겐 영광입니다."

김홍도의 그림에는 강세황이 화제를 써 준 작품이 많다. 아무리 어릴 때부터 가르친 제자이고 가까운 사이라고 해도 당대 최고의 그림 비평가였던 강세황이 함부로 화제를 써 줄 리 없었다. 강세황이 화제를 써 준 것은 김홍도의 그림 실력을 인정하기 때문이었다. 특히 김홍도가 그린 〈서원아집도〉 6곡 병풍에 써 준 화제에서 강세황은 김홍도의 그림이 〈서원아집도〉를 처

어진 화사
임금의 초상화인 어진을 그리는 화가. 임금의 얼굴을 그리는 주관 화사, 주관 화사를 도와 옷을 그리거나 색칠을 맡는 동참 화사, 그림을 그릴 때 필요한 여러 가지 일을 거들면서 그림 그리는 일을 배우는 수종 화사로 나누어진다.

사포서
조선 시대에 왕실 소유의 밭과 채소 재배 등을 관리하고 맡아보던 관청.

음 그린 이공린의 그림과 우열을 다툴 만하다면서, 자신의 글씨가 그림을 따르지 못하여 그림을 망칠까 걱정할 정도로 찬사를 아끼지 않았다.

이처럼 강세황은 가장 가까운 곳에서 김홍도를 격려하고 비평하면서 김홍도가 뛰어난 그림을 그릴 수 있도록 힘이 되어 준 소중한 스승이자, 동등한 자격으로 함께 예술가의 길을 걷는 친구였다.

"스승님, 지난번 청나라에는 잘 다녀오셨는지요?"

"황제의 잔치도 구경하고 귀한 책도 많이 구경했다네. 그래, 자네는 벼슬 생활이 힘들진 않았는가?"

"예, 잘 지내다 이렇게 무탈하게 올라왔습니다."

"자네의 건강한 모습을 보니 내 기분이 좋네."

"스승님, 오늘은 스승님께 부탁이 있어서 이렇게 찾아뵈었습니다."

"부탁? 그래, 말해 보게나."

"이번에 제가 명나라 화가 이유방의 호를 따라 저의 호를 단원이라고 정하였습니다."

"오호, 단원이라. 자네에게 잘 어울리는 호일세."

"스승님, 저 김홍도에 대한 글을 써 주실 수 있으실는지요?"

"자네에 관한 글을? 아무렴, 내 기꺼이 써 주지."

"감사합니다, 스승님."

"아닐세, 이제 자네 나이도 사십이 넘었고 단원이라는 호도 생겼으니 지나온 삶을 돌아보며 중간 정리를 할 때이지. 그리고 나보다 자네를 더 많이 아는 사람이 어디 있겠나."

강세황은 사랑하는 제자의 부탁을 받아 정성스레 김홍도에 대한 글을 지었다. 그 글이 바로 〈단원기〉로, 강세황이 김홍도를 얼마나 높이 평가했는지를 알게 해 주는 기록이다. 강세황은 〈단원기〉에 김홍도가 어렸을 적 강세황에게 그림을 배웠다는 사실과 안기(지금의 경상북도 안동시 안기동) 지방에서 벼슬을 지낸 이력을 담았다. 김홍도가 명나라 선비이자 화가인 이유방의 고상하고 맑은 정신과 기묘하고 우아한 정취가 담긴 그림을 사모하여, 그의 호를 따서 자신의 호를 '단원'이라고 정했다는 이야기도 적어 놓았다. 또한 그림 실력과 인품을 칭찬하여 사람들이 김홍도의 진면목을 알 수 있도록 했다. 강세황이 〈단원기〉를 지은 이후 김홍도의 이름은 세상에 더욱 널리 알려졌다.

예전이나 지금이나 화가는 각자 하나만 능숙하지, 두루 솜씨가 있지는 못하다. 그런데 김군 **사능**은 근래에 우리나라에서 태어나 어려서부터 그림 그리는 일을 공부하여 못하는 것이 없다. 인물·산수·선불(신선 및 불화)·화과(꽃과 과일)·금충(새와 벌레)·어해(물고기)에 이르기까지 모두 오묘한 경지에 들었으니, 옛사람과 견주더라도 맞설 만한 사람이 거의 없다.

사능(士能)
김홍도의 자(字). 예전에, 본이름 대신 부르던 이름을 '자'라고 한다.

(중략)

무릇 화가들은 모두 전해 오는 그림을 보고 배우고 익혀 솜씨를 쌓아야 겨우 비슷하게 그려 낼 수 있다. 그러나 사능은 독창적으로 터득하고 심지어 하늘의 조화를 오묘하게 얻기까지 하였다. 그러니 어찌 하늘에서 부여받은 재주가 남달라 세속을 훌쩍 넘어선 것이 아니겠는가.

_〈단원기〉 중에서

강세황은 〈단원기〉만으로는 부족함을 느꼈는지 내용에는 큰 차이가 없는 또 다른 글인 〈단원기 우일본〉을 지었다. 이 두 편의 글에는 제자 김홍도를 아끼는 스승 강세황의 마음이 담뿍 담겨 있다.

"스승님, 스승님!"

김홍도는 강세황의 관 앞에 털썩 주저앉았다. 김홍도 평생의 스승인 강세황이 일흔아홉의 나이로 세상을 떠난 것이다.

"이보게, 홍도. 힘내시게. **천수**를 다하시고 돌아가시지 않았나?"

"그래, 자네가 힘을 내야지."

"……"

여러 사람이 슬픔에 가득 찬 김홍도를 위로했지만, 김홍도는 더 이상 말을 잇지 못하고 하염없이 눈물만 흘렸다. 김홍도에게 스승의 죽음은 너무나 큰 슬픔이었다.

강세황은 살아 있을 적에 김홍도와의 인연을 이렇게 기록했다.

내가 사능과 더불어 사귀는 동안 앞뒤로 모두 세 번 변했다.

처음에 사능이 어려서 내 문하에 다닐 때에는 그의 솜씨를 칭찬하기도 하고, 더러는 그림 그리는 방법을 일러 주기도 하였다. 중년에는 함께 같은 관청에서 아침저녁으로 같이 있었다. 말년에는 함께 예술계에 있으면서 **지기**로 느꼈다.

_〈단원기〉 중에서

강세황은 어린 김홍도의 천재성을 발견하고 가르쳤으며, 이후 세상을 떠날 때까지 김홍도의 지지자이자 동반자로 예술의 길을 걸었다. 이렇게 강세황은 김홍도의 가장 소중한 스승이자, 동료이자, 친구로 평생을 이끌어 준 사람이었다. 이런 스승이 있었기에 단원 김홍도라는 화가가 존재할 수 있었던 것이다.

천수
타고난 수명.

지기
자기의 속마음을 잘 알아주는 참다운 친구.

표암 강세황

강세황은 1713년 명망 있는 사대부 집안에서 태어났다. 강세황이 소년 시절에 쓴 글씨를 얻어다가 병풍을 만드는 사람이 있었을 만큼 어려서부터 글과 그림에 재능이 뛰어났다.

사실감 있는 산수화

강세황 초상

강세황은 사군자와 산수화, 풍속화와 인물화 등 다양한 분야에 두루 솜씨가 빼어났다. 특히 산수화에 뛰어났는데, 강세황이 생각한 진경 산수란 '그곳에 가 보지 못한 사람들이 마치 그 속에 있는 것처럼 느낄 수 있는 그림'이었다. 그래서 기존의 틀에 얽매이지 않고 새로운 기법으로 그림 세계를 펼쳐 나갔다. 강세황은 당시 함께 어울리던 화가 및 문인들과 개성, 부안, 금강산 등의 명승지를 유람하며 우리 산천의 실제 풍경을 자신의 눈에 보이는 그대로 사실감 있게 화폭에 담았다.

강세황이 남긴 작품 중 《송도기행첩》은 원근법과 음영으로 입체감을 살려 개성 지역의 명승지를 현실감 있게 표현한 걸작으로 꼽힌다.

《송도기행첩》 중 〈영통동구도〉

안산에서 꽃핀 시서화 삼절

강세황은 가난 때문에 서른두 살에 처가가 있는 안산으로 옮겨 가 30년 가까이 벼슬 없이 작품 활동에만 몰두했다. 아름답고 지적인 분위기가 풍기는 글씨와 문인화(전문 화가가 아닌 사대부들이 취미로 그린 그림)풍의 산수화로 유명한 강세황. 그는 같은 시대에 활동하던 정선, 심사정 같은 화가들의 작품을 비평한 미술 평론가로서도 이름을 날렸다. 강세황의 화제가 담긴 작품의 가치가 높아지면서 그에게 화제를 받으려는 화가들이 줄을 설 정도였다.

소년 김홍도에게 그림을 가르치며 인연을 쌓은 것도, 심사정, 허필, 최북 등의 예술가들과 사귀며 끊임없이 자신의 예술 영역을 확장한 것도 안산에서였다.

〈균와아집도〉 안산에서 활동했던 강세황, 김홍도, 심사정, 최북, 허필이 자신들의 모습을 함께 그린 작품이다.

2장
오직 실력으로 임금의 화가가 되다

"아니, 대감. 저를 부르시지 어찌하여 직접 도화서에 드셨는지요?"
"곧 있을 축하 행사 때문에 걱정이 되어서 왔소이다."
도화서에 **예조 판서**가 찾아왔다.
"별제, 경현당에서 있을 이번 행사가 얼마나 중요한지 아시지요?"
"알다마다요. 지난해에 주상 전하께서 임금이 되신 지 40주년에 **망팔**의 경사까지 겹쳐, 세손 저하와 대신들이 축하 행사를 갖자고 그렇게 간청해도 물리치신 것을 이제야 겨우 하게 되었지 않습니까?"
"세손 저하께서 다섯 차례나 간청하여 겨우 성사된 행사인 만큼 우리 도화서에서도 한 치의 소홀함 없이 준비를 했으면 하오."
도화서는 나라에 큰 행사가 있을 때면 으레 행사의 모든 장면을 **계병**으로 만들어 남기는 일을 했다.

"그나저나 이번 행사 그림은 누구에게 맡길 생각이오?"

"김홍도에게 한번 맡겨 보면 어떨는지요?"

"그건 좀 너무하지 않소이까? 이제 도화서에 갓 들어온 스물한 살밖에 되지 않은 애송이에게 그렇게 큰일을 맡긴다니."

"그렇지 않습니다, 대감. 제가 눈여겨보았는데 실력이 보통이 아닙니다. 한번 본 걸 똑같이 그려 내는 재주가 아주 특별합니다. 더구나 강세황 어르신의 제자이니 허투루 배우지는 않았을 것입니다. 믿고 맡겨 보시지요."

궁궐 행사를 그리는 것은 왕실의 위엄을 천하에 알리고 후세에 기록으로 남기는 일이었다. 그런 막중한 일을 스무 살을 갓 넘긴 젊은 화원이 맡는 것은 대단한 영광이었다.

그해 가을 김홍도는 경현당에서 열린 축하 행사 장면을 여덟 폭 병풍에 그림으로 담았다. 그 그림이 바로 〈경현당수작도〉이다. 기껏해야 화원으

예조 판서
조선 시대에 음악과 제사 및 연향, 교육 등에 관한 일을 맡아보던 예조의 으뜸 벼슬.

망팔
여든을 바라본다는 뜻으로, 일흔한 살을 이르는 말.

계병
조선 시대에 나라의 큰 행사를 기념하기 위하여 그 광경을 그려 만들던 병풍.

입문할 나이에 계병의 그림을 그렸다는 것은 보통의 실력이 아니고는 할 수 없는 일이었다.

그림은 화원 김홍도가 그렸다.

단 한 줄의 짧은 문장이지만, 〈경현당수작도〉는 도화서 화원이 된 김홍도의 이름을 역사 기록에 남긴 첫 작품이 되었다.

도화서 화원으로서 얻을 수 있는 최고의 영광은 뭐니 뭐니 해도 어진 화사가 되어 임금의 초상을 그리는 일이었다. 어진 화사로 한 번만 참여해도 실력을 인정받아 전국 각지에서 그림 주문이 넘쳐 날 정도였다. 스물아홉 청년 김홍도에게도 이런 영광이 찾아왔다. 영조의 팔순을 맞아 영조 어진과 왕세손이던 정조의 초상을 그리는 데 동참 화사로 참여하게 된 것이다.

"그대들은 고개를 들라."

왕세손이 부드러운 목소리로 말했다.

하지만 바닥에 엎드려 있던 김홍도는 차마 고개를 들지 못하고 침만 꿀꺽 삼켰다. 옆에 있던 다른 화원들도 마찬가지였다.

"허허, 고개를 들라 하지 않느냐. 얼굴을 보아야 나를 그리지."

긴장한 화원들은 고개를 반쯤 든 채 눈만 살짝 치켜떴다. 이날은 왕세손의 초상화 작업을 시작하는 날이었다. 나중에 그림에 관한 일이라면 모두 김홍도에게 맡겼던 절대적 후원자 정조와의 뜻깊은 첫 만남이었다.

"그대들의 솜씨가 대단하다는 얘기를 많이 들었다. 그대들의 손에 나의

잘난 곳과 못난 곳이 그대로 다 드러날 터이니 겁이 좀 나는구나, 하하."

왕세손은 화원들의 긴장을 풀어 주려고 부드럽게 말을 이었다.

"긴장들 말고 그대들의 실력을 마음껏 발휘하도록 하여라."

당대의 시인 홍신유가 "나이 서른이 못 되어 그림으로 명성을 떨치니 무릇 하늘이 준 재주가 높기 때문이다."라고 김홍도를 평가한 것처럼, 김홍도는 일찍이 이십대에 궁중 화원으로 이름을 날렸다. 그것은 오직 그림 실력이 뒷받침되었기에 가능한 일이었다.

1776년 영조의 뒤를 이어 정조가 임금이 되었다. 정조는 〈경현당수작도〉와 왕세손 시절에 자신의 초상화를 그린 김홍도를 눈여겨보고 있었다.

"그대가 김홍도인가?"

"예, 전하. 소신 도화서 화원 김홍도라 하옵니다."

"그래, 내 오래전부터 너의 솜씨를 눈여겨보고 있었다. 이제부터는 나의 곁에 머물면서 너의 재주를 마음껏 펼쳐 보이도록 하여라."

"전하, 성은이 망극하옵니다."

"먼저 내 긴히 명할 것이 있다. 지금 궁궐 안에 **규장각**을 새로 짓고 있으니 이를 그림으로 남기도록 하라. 규장각은 앞으로 내가 나라를 다스리는

규장각
정조가 세운 왕실 도서관이자 역대 임금의 글이나 글씨를 보관하고, 책을 편찬·인쇄·반포하는 일을 맡아 연구하던 기관. 지금의 창덕궁 후원에 있는 연못 '부용지'에 자리 잡고 있다.

데에 가장 중요한 역할을 하게 될 터이니, 그대가 각별히 신경을 써서 그려 주었으면 한다."

"예, 성심을 다해 그려 바치겠나이다."

몇 달 뒤 김홍도는 정조에게 그림 하나를 올렸다. 뒤로는 산, 앞으로는 연못, 주변을 에워싼 나무와 부속 건물까지, 화폭의 한가운데에 실제보다 크게 강조하여 그린 규장각이 단연 돋보이는 〈규장각도〉였다.

"과연 훌륭한 솜씨로구나!"

왕위에 오르면서 새로운 개혁 정치를 펼치기 위해 규장각을 설치한 정조와 규장각의 기념화를 맡아 훌륭하게 그려 낸 김홍도. 둘의 끊을 수 없는 인연이 비로소 깊어지고 있었다. 이후 김홍도는 정조의 총애를 받으며 정조의 명을 받아 그림을 그리기 시작했다.

1781년 8월, 정조가 신하들을 불러 모았다.

"내가 어진을 한 벌 그리고자 한다. 내 나이 스물두 살 때 일찍이 어명을 받들어 한 벌을 그렸으나 참모습과 어긋나서 마음에 차지 않은 까닭에 그 화본을 없애게 했다. 그런데 지금에 와서 생각하니 나도 모르게 몹시 서운해지는구나. 나도 전례에 따라 올해부터 시작하여 10년마다 한 번씩 어진을 그릴 것이다. 우선 화원 한종유, 신한평, 김홍도에게 한 본씩 그려 내게 하라."

정조는 자신의 초상 석 점을 살피기 시작했다.

"한종유가 그린 본은 턱 아래가 좀 비슷하기는 하나 그 나머지는 모두 차이가 있구나."

"화원들이 처음 상감마마의 얼굴을 바라보면 그 위엄에 눌려 그림을 그리기가 쉽지 않습니다. 여러 차례 그림을 그려 본 후에라야 비로소 참된 모습을 얻게 될 것입니다."

그렇게 김홍도는 생애 두 번째로 어진 화사에 뽑혔다. 정조가 임금이 되어서 그리는 첫 번째 어진이었다. 이때 정조의 명으로 강세황이 어진 작업의 감독으로 참여해 화원들의 생각이 미치지 못하는 점을 이끌어 주었다. 스승과 제자가 나라의 중요한 일에 함께 참여하게 된 것이다.

어진 작업에 참여한 것만으로 큰 영예인데, 그 공으로 김홍도는 동빙고 별제직에 발령받았다. 그 뒤를 이어 안기 찰방에도 임명되었다. 찰방은 종6품의 벼슬로, 국가의 중요한 문서와 소식을 전달하는 일을 하는 역을 관리하는 책임자였다. 관리와 노비만 해도 자그마치 1300명이 넘었다. 1791년 김홍도는 또 한 번 정조의 초상을 그리는 영광을 얻었고, 그 공으로 연풍(지금의 충청북도 괴산군 연풍면)의 현감으로 발령받았다. 현감은 지방의 한 고을을 다스리는 종6품 벼슬로 사실상 중인 신분으로 오를 수 있는 최고의 관직이었다. 별제에서 찰방으로, 또다시 현감으로 연이어 지방 관리로 발령받은 화원은 김홍도 하나뿐이었다.

"이야기 들었는가? 이번에 전하께서 자비대령화원제를 만들라고 하셨다는구먼."

"들었네. 도화서 화원들 중에서 그림 솜씨가 뛰어난 화원 열 명을 뽑아서 규장각에 소속시킨다지?"

"도화서 화원이 예조가 아니라 규장각 소속이 된다고?"

"그래, 그뿐만이 아니야. 자비대령화원은 창덕궁 안에 살면서 전하의 명을 받아 그림을 그린다고 하는구먼. 또한 계절마다 시험을 치러 그 등급에 따라 상도 준다고 하네."

1783년 정조는 자비대령화원제를 만들어 우수한 화원을 따로 뽑아 우대하고 격려하도록 했다. 모든 도화서 화원이 자비대령화원이 되고 싶어 한 것은 당연했다. 자비대령화원이 되려면 시험을 봐야 하고, 선발된 뒤에도 한 해에 열 번 정도 시험을 치러야 했다.

"그럼 김홍도도 자비대령화원이 되는 것인가?"

"그럴 리가 있나. 화원 출신에게 벼슬을 내릴 정도로 주상 전하께서 총애하시는데, 무엇 하러 다른 화원들과 등수를 가리는 일에 참여하게 하시겠는가?"

"맞는 말일세. 모르긴 해도 김홍도는 앞으로도 **대조 화원**으로서 전하께서 직접 명하시는 그림만 그리지 않을까 싶구먼."

김홍도가 자비대령화원 명단에 없는 것은 어쩌면 번거로운 자비대령화원 시험에 매달리지 않고 자신만의 작품 활동에 매진할 수 있게 한 정조의 배려가 아니었을까. 이렇듯 김홍도는 정조로부터 각별한 사랑을 받았다.

"전하, 미천한 저를 이렇게 배려해 주시니 몸 둘 바를 모르겠나이다. 소

대조 화원
국왕 직속의 화원.

신 목숨 다하는 날까지 성은에 보답하겠나이다."

김홍도는 중인 신분의 도화서 화원 출신인 자신을 든든하게 지켜 주는 정조의 배려와 사랑을 생각할 때마다 감격하여 눈물을 흘렸다.

1800년 새해는 희망으로 시작되었다. 정조는 새해 첫날 **원자**를 장차 왕위를 계승할 세자로 책봉했다. 정조는 앞으로 4년 뒤 세자가 열다섯 살이 되면 왕위를 물려주고 자신은 상왕이 되어 어머니와 수원 화성으로 내려가 말년을 보낸다는 꿈에 부풀어 있었다.

"전하, 김홍도가 새해 그림을 그려 올렸나이다."

"그래? 어떤 그림인지 궁금하구나! 김홍도를 들라 하라."

당시 화원들은 새해가 되면 병풍을 그려 임금에게 바치게 되어 있었다. 무엇을 그릴까 고민하던 김홍도는 송나라 유학자인 **주자**의 시 여덟 수를 여덟 폭 병풍에 담아낸 〈주부자시의도〉를 완성했다. 이 시의 주제는 유교 경전인 《대학》에 담긴 여덟 가지 가르침으로, 정조가 꿈꾸던 유교 국가의 통치 이념이었다.

"그래, 《대학》을 읽은 것이냐?"

"예, 《대학》에 나오는 여덟 가지 덕목을 그림으로 표현하였나이다. 하지만 소신의 얕은 학문으로 이해의 깊이는 부족하옵니다."

"아니다. 주자가 남긴 깊은 뜻을 이토록 잘 표현하다니. 내 주자의 뜻을 깊이 얻었다. 병풍에 적은 주자의 시 또한 그림의 격에 맞게 글씨가 단정하구나. 과인이 주자의 시에 화답하는 시를 지어 보고자 한다."

"전하, 성은이 망극하옵니다. 소인 몸 둘 바를 모르겠사옵니다."

"내 항상 이 그림을 눈여겨보며 백성들을 잘 다스리고 세상을 편안하게 하는 교훈으로 삼겠노라."

자리를 물러 나온 김홍도의 두 뺨에는 뜨거운 눈물이 흘렀다. 임금이 직접 그림에 시를 쓴 것은 수십 년의 화원 생활 중 가장 영광스런 일이었다.

> 김홍도는 그림에 솜씨 있는 자로서 그 이름을 안 지가 오래되었다. 30년쯤 전에 나의 초상을 그렸는데, 이로부터 그림에 관한 모든 일은 모두 홍도를 시켜 주관하게 하였다.
>
> _《홍재전서》 중에서

정조는 《홍재전서》라는 개인 문집을 엮으면서 자신이 지은 글에 김홍도의 이름을 남겼다. 임금이 이름 석 자를 기억하고 직접 이를 기록으로 남긴다는 것은 양반도 아닌 중인 계급의 화원에게는 엄청난 영광이었다.

"여보게, 단원! 큰일 났네, 큰일 났어!"

원자
아직 왕세자에 책봉되지 않은 임금의 맏아들.

주자
중국 송나라의 유학자(1130~1200). 원래 이름인 '주희'를 높여 이르는 말로, 유학의 한 갈래인 성리학을 집대성했다. 성리학을 다르게는 '주자학'이라고 한다.

도화서 화원이자 김홍도의 절친한 친구인 **이인문**이 울먹거리며 마당을 들어서고 있었다.

"아니, 자네가 웬일인가? 대체 무슨 큰일이기에 점잖은 자네가 이 소란이야?"

"주상 전하께서, 주상 전하께서……."

"주상 전하께 무슨 일이 있는가? 빨리 말해 보시게."

"단원, 이를 어찌하면 좋겠는가. 주상 전하께서 승하하셨다네."

"어…… 어찌 이런 일이, 어찌 이런 일이……."

뜻밖의 소식에 김홍도는 한참을 얼어붙은 듯 그 자리에 서 있었다. 눈앞이 캄캄해지며 온몸의 힘이 쭉 빠져나갔다.

1800년 6월 28일, 마흔아홉 살의 정조가 갑작스럽게 세상을 떠났다. 정조의 각별한 사랑을 받아 오던 김홍도는 정조의 승하 소식을 듣고 하늘이 무너지는 것 같았다. 스승 강세황이 죽을 때만 해도 이보다 더 큰 슬픔은 없을 거라고 생각했던 김홍도였지만, 정조의 죽음 앞에선 슬픔조차 느낄 수가 없었다. 하루아침에 가장 든든한 후원자를 잃었으니 앞으로 누구를 위해, 어떤 그림을 그려야 할지 막막했다. 정조와 김홍도가 함께 걸었던 예술의 길은 그렇게 허망하게 끝이 나고 말았다.

'전하가 없었다면 어찌 이 김홍도가 존재할 수 있었겠는가.'

김홍도는 정조라는 든든한 후원자의 품에서 마음껏 그림을 그릴 수 있었다. 정조와 같은 곳을 바라보며 최고의 기량으로 정조 시대를 화폭에 담아낸 화가는 김홍도 단 한 명뿐이었다.

김홍도의 붓 끝에 자신의 꿈을 실었던 정조와 정조의 특별한 사랑 아래 예술가로서 최고의 실력을 뽐낸 김홍도. 오직 최선을 다해 익히고 익힌 그림 실력 하나로 김홍도는 임금이 사랑한, 조선 최고의 화가가 되었다.

이인문
조선 후기의 화가(1745~1821). 산수화에 뛰어났으며 특히 소나무 숲을 즐겨 그려 이 방면에 새로운 경지를 개척했다.

규장각과 도화서

규장각

규장각은 1776년 정조가 역대 임금들의 글과 글씨, 그림 등을 보관하기 위해 창덕궁 후원에 지은 왕실 도서관이다. 하지만 단순히 도서관의 역할만 한 것이 아

〈규장각도〉, 김홍도

니다. 정조는 규장각에서 인재를 양성해 조선의 학문과 예술을 발전시키고, 나랏일을 의논하려고 했다. 궁극적으로 규장각은 정조가 왕권을 안정시키고, 개혁 정치를 꾀하기 위한 장소였던 것이다. 정조는 신분에 상관없이 젊고 능력 있는 인재들을 뽑았다. 또한 규장각 학자들이 공부에 집중할 수 있도록 아무리 관직이 높은 신하라도 함부로 규장각에 드나들 수 없게 했다. 그리고 왕위에 있던 기간 동안 규장각 학자들과 함께 자그마치 3960권의 책을 펴냈다.

정조가 죽은 뒤 왕실 도서관의 기능만 하게 된 규장각은 그 뒤로도 역사 속에서 여러 차례 수난을 겪었다. 규장각에 있던 책과 자료들은 지금은 1992년 서울대학교 안에 새롭게 지은 규장각에 보관되어 있다.

도화서

도화서는 조선 시대에 나라에 필요한 그림을 그리는 일을 맡아 하던 국가 기관이다. 도화서에 소속된 화원은 임금의 초상화, 임금이 신하에게 선물하는 그림과 행사 기록화, 국가에서 펴내는 책의 삽화, 지도를 비롯한 건축물의 도면 등을 주로 그렸다.

《경국대전》의 규정에 따라 도화서의 최고 책임자인 '제조'는 예조 판서가 맡았고, 그 아래에 실무를 맡아 도화서를 운영하는 '별제' 두 명을 두었다. 별제는 화원이 오를 수 있는 가장 높은 지위였는데, 중인 신분의 화원은 아무리 재주가 뛰어나도 그 자리에 오르기가 어려웠다. 화원이 되거나 승진하려면 대나무, 산수, 인물, 영모(새나 짐승), 화초 가운데 두 과목을 선택해 시험을 치러야 했다. 이때 대나무 1등, 산수 2등, 인물과 영모 3등, 화초를 4등으로 구분하고 등급이 높은 과목일수록 가산점을 받았다. 처음에 20명이었던 화원은 정조 대에 30명으로 늘었다.

1783년 정조는 시험을 치러 자비대령화원을 뽑았다. 이들은 왕실의 중요한 도화 활동을 최우선으로 맡으며 최고의 대우를 받았다.

3장
수만 번의 붓질을 해서라도

"이보게, 홍도. 오늘은 우리 한번 그림을 겨뤄 보면 어떻겠는가?"

"예? 제가 어찌 감히 스승님과 붓으로 겨룰 수 있겠습니까?"

당황하는 김홍도의 낯빛에 강세황은 껄껄 웃으며 비단, 붓과 먹 그리고 물감을 준비했다.

"스승님, 오늘은 무엇을 소재로 하시렵니까?"

"음, 《주역》에 온 세상에 큰 덕을 펼치는 대인군자가 나오지 않는가?"

"대인군자에 비유한 호랑이를 말씀하시는 것입니까?"

"허허, 자네와는 마음이 이렇게 잘 통하는 게 신통하네. 그래, 오늘은 호랑이를 그려 보세."

"예, 스승님. 최선을 다해 보겠습니다."

"나야말로 정신을 바싹 차려야겠어. 제자보다 못하다는 얘기를 들을까 걱정이 앞서는구먼."

두 사람은 소매를 걷어붙이고 그림을 그리기 시작했다. 바늘보다 가는 미세한 선을 그리는 붓질이 조심스러웠다.

수만 번의 붓질이 거듭되자 차츰 호랑이의 모습이 드러나기 시작했다. 긴 몸통에 짧은 다리, 큼직한 발과 당차 보이는 작은 귀, 넓고 선명한 줄무늬와 씩씩한 기운이 넘치는 꼬리. 드디어 비단 위에 조선 호랑이 두 마리가 당당히 모습을 드러냈다.

"과연 김홍도일세. 어쩜 이리 세밀하면서도 호랑이의 무게감을 고스란히 전할 수 있는지!"

"호랑이의 위엄을 화면 가득 채운 스승님의 재주야말로 따라갈 수 없는 경지이옵니다."

"아니야, 호랑이 그림을 자네만큼 그릴 수 있는 사람이 조선에 더 있을까 싶네."

"과찬이십니다. 아직 부족한 점을 메꾸기 위해 노력하는 단계일 뿐입니다."

《주역》
천지 만물이 변화하는 현상을 음양의 원리로 설명하고 해석한 유교 경전 스승과 제자가 서로의 그림을 보며 칭찬하는 사이 강세황의 처남 유경종과 손자 강이천이 방으로 들어왔다.

"무서워, 무서워. 으앙!"

갑자기 손자 이천이 울음을 터뜨렸다. 그림을 보고 실제 호랑이인 줄 알고 겁을 먹은 것이었다.

"우리 이천이가 놀랐구나. 두 분 다 대단하십니다. 어찌 이리 살아 움직이는 듯 그렸는지……."

유경종이 두 그림을 번갈아 보며 말했다.

"여기까지 하시지요. 오늘은 스승님께서 술 한 잔 주셔야겠습니다."

"하하, 좋지 좋아. 오늘 같은 날 술이 없어서야 되나."

강세황과 김홍도가 그린 두 폭의 호랑이 그림을 보고 유경종은 이렇게 시를 읊었다.

> 두 사람이 한 마리씩 호랑이를 그리는데
> 누가 더 꼭 닮게 그려 낼 건가.
> 잘한다면 고루 둘 다 뛰어난 솜씨 되고
> 못한다면 고루 둘 다 못하는 기예 되네.
> 터럭 무늬 살아 있는 호랑이가 되고 보니
> 동네 개 잡아먹어 백성들의 근심이 될까 하네.
> 두 호랑이 서로 싸울까 염려하고 있었더니
> 괴아(강세황의 손자) 녀석 벌써부터 겁을 먹었네.

호랑이는 예부터 우리 민족과 아주 가까운 동물로, 우리나라에 많이 살았다. 우리 조상들은 호랑이를 온갖 동물의 우두머리, 즉 '산 임금'이라고 하며 신성하게 여겼다. 온 세상을 진정으로 아름답게 변화시킬 큰 덕을 펼칠 사람을 상징하는 까닭에 조선 시대에는 호랑이 그림이 많이 그려졌다.

"아니, 자네 언제 온 건가?"

그림에 집중하다가 문가로 잠시 고개를 돌린 김홍도가 깜짝 놀랐다. 언제 왔는지 도화서 동료이자 동갑내기 친구인 이인문이 문간에 걸터앉아 자신을 바라보고 있었다.

"하하, 사람이 온 것도 모를 정도로 집중했기에 가만히 있었네."

김홍도는 붓을 잠시 내려놓았다.

"호랑이 그림을 완성하려다 보니 그렇게 됐구먼."

"그래, 작업은 잘되어 가고 있는가? 며칠째 잠도 제대로 못 청하고 그 호랑이 그림에만 매달려 있으니 걱정이 되네."

"너무 걱정 말게나. 이제 거의 완성되었어. 조금만 더 손질을 하면 되네."

이인문이 그림에 가까이 다가서며 말했다.

"자네 정말 대단하구먼. 그 가는 붓으로 몇 날 며칠을 매달려 **터럭** 한 올 한 올을 그리더니 결국 천하의 명작이 하나 탄생했네그려!"

터럭
사람이나 길짐승 따위의 몸에 난 길고 굵은 털.

"이 사람, 과찬이네. 호랑이가 완성되면 자네가 호랑이 위에 소나무를 그려 주면 어떻겠나?"

"나야 영광이네만 자네의 명작을 망칠까 봐 걱정이 앞서네그려."

"아니네, 자네라면 멋지게 그려 줄 거라 믿네."

마침내 완성된 그림에는 호랑이가 화폭을 가득 채우고 있었다. 그러면서도 호랑이와 배경 사이사이에 적절한 여백을 남겨 답답한 느낌은 전혀 찾아볼 수 없었다. 육중한 몸을 이끌고 어슬렁거리는 듯 자연스럽게 굽은 긴 허리와 율동감 있게 치켜든 꼬리에 아래로 슥 낮춘 머리까지. 조선의 호랑이 한 마리가 우뚝 선 소나무 아래에서 살아 숨 쉬는 듯 매섭고 위엄 있는 자태로 정면을 쳐다보고 있었다. 마치 바로 눈앞에서 호랑이를 만났을 때의 긴장감이 고스란히 전해지는 듯했다.

"여보게, 이 그림 좀 보게나."

"화폭을 가득 채운 호랑이의 위엄이 절로 느껴지는구먼."

"어디 그뿐인가? 호랑이에게서 나오는 기운을 좀 보라고."

"그리고 보니 호랑이의 저 빛나는 눈, 살아서 꿈틀거리는 몸통, 곡선을 그리며 곧추세운 꼬리에서 엄청난 힘이 느껴지는구먼. 금방이라도 화면 밖으로 뛰쳐나올 것 같아!"

"아, 아니! 이보게, 가까이 와서 그림을 다시 한번 자세하게 보시게."

"또 왜 그러시나. 자네는 호랑이 그림을 처음 보는가?"

"자세히 좀 보라니까. 자네는 뭐든지 대충대충이야."

"이 사람아, 도대체 무엇 때문에 그러는가. 어디 가까이 들여다봄세."

"이제 보이시는가?"

"아니, 어떻게 이런 그림을! 호랑이의 터럭 한 올 한 올이 마치 살아서 움직이는 것 같구먼."

"그러니 말이야! 얼핏 보면 호랑이 몸의 줄무늬를 검정과 갈색으로 번갈아 칠한 것 같지만, 실제로는 터럭을 하나하나 헤아리듯 그렸지 않은가."

"어쩌면 이리도 섬세하단 말인가. 검정과 갈색, 흰색의 터럭을 수만 번 반복해서 그렸을 터인데 잘못된 선이 하나도 없어."

"우리 집에 있는 제일 가는 바늘보다도 더 가는 선이야. 대체 붓질을 얼마나 많이 한 것인지 모르겠네."

"화가의 끔찍스런 정성과 섬세함이 온통 배어 있어. 아니, 누구기에 이런 그림을 그릴 수 있단 말인가?"

"누구긴 누구야? 바로 단원 김홍도의 그림이라네."

"단원? 그러면 그렇지. 역시 단원이야, 단원!"

정말 그러했다. 김홍도는 이토록 생생한 호랑이 그림을 완성하기까지 몇 만 번, 아니 몇 십만 번의 붓질을 거듭해 바늘보다도 가는 선으로 터럭 한 올 한 올을 놓치지 않고 그렸을 터였다. 세밀한 터럭으로 조선 호랑이 고유의 얼룩무늬까지 자연스럽게 표현했다. 한 번의 붓질이 잘못되면 다시 그리기를 반복하며 그림을 완성해 갔다. 포기하고 싶은 마음을 이겨 내고 이렇게 수만 번의 붓질을 해서 그린 한 장의 호랑이 그림에는 김홍도의 장인다운 노력과 오로지 붓 끝에 집중하며 인내한 정신이 고스란히 담겨 있다.

마치 살아 있는 듯한 생명력이 고스란히 느껴지는 김홍도의 호랑이 그림은 이후 많은 화가들과 민화에 영향을 주었다. 그렇지만 완성도 높은 그림보다 더 중요하게 기억해야 할 것은 수만 번, 수십만 번 붓질을 거듭해서라도 사실감과 깊이감이 넘치는 작품을 완성하겠다는 김홍도의 한결같은 인내의 마음, 집요한 노력과 정성일 것이다.

초상화

조선 시대에는 성리학이 널리 보급되면서 지역마다 서원이나 사당이 늘어났다. 따라서 이곳에서 제사를 지낼 때 필요한 인물들의 초상화가 많이 제작되었다. 또한 높은 벼슬을 얻거나 나라에 큰 공을 세우는 등 좋은 일이 생길 때면 유명한 화원을 동원해 자신의 초상화를 그리게 하는 양반이 늘어났다. 그런데 조선 시대에 초상화를 그리는 데에는 두 가지 원칙이 있었다.

일호불사편시타인(一毫不似便是他人)

"터럭 한 올이라도 같지 않으면 그 사람이 아니다."라는 뜻이다. 조선 시대 초상화의 핵심은 털 하나, 깨알만 한 점 하나, 눈곱만 한 검버섯 하나까지 빠뜨리지 않고 실제 인물의 겉모습과 똑같이 그려야 한다는 점이다. 흉이 될 만한 부분까지도 숨기지 않았다. 인물의 진실된 모습을 있는 그대로 그리려 했기 때문이다. 조선 시대 초상화는 이처럼 극사실적이어서, 오늘날 초상화 속 인물들이 앓았던 병을 연구하는 학자가 있을 정도이다.

〈서직수 초상〉, 이명기, 김홍도
얼굴의 점, 검버섯, 주름, 구불구불한 턱수염의 터럭 한 올 한 올을 있는 그대로 표현했다.

전신사조(傳神寫照)

"인물의 겉모습을 그대로 그리는 것에 그치지 않고 인물의 정신까지 담아내야 한다."라는 뜻이다. 즉 초상화를 그릴 때에는 대상의 있는 그대로의 모습과 더불어 그 속에 숨어 있는 정신까지 표현해야 한다는 것이다. 《대학》에 나오는 '성어중형어외(誠於中形於外)' 즉 "마음에 참됨이 있으면 자연히 겉으로 드러난다."라는 말에 전신사조의 의미가 담겨 있다. 조선의 선비들은 초상화 속 모습이 자신의 실제 모습과 닮았는지 확인하는 것을 넘어서서, 자신의 내면과 정신이 초상화에서 드러나기를 바랐다. 특히 왕의 초상화인 어진의 경우에는 왕이 지닌 정신과 성품을 잘 표현한 작품을 더 높이 샀다.

〈전 이재 초상〉, 작자 미상
조선 후기의 학자인 이재가 주인공으로 알려져 있다. 엄숙하고 단정한 선비의 기운이 풍기는 초상화로, 뚫어 보는 눈빛과 굳게 닫힌 입에서 노학자의 지조가 드러난다.

4장
임금 앞이라도 할 말은 한다

바람이 지나간 자리가 온통 붉고 노랗게 물드는 1791년의 가을날, 궁궐 안 서향각에서 어진 품평회가 열리고 있었다. 정조와 좌의정 채제공을 비롯한 여러 신하가 참석했다. 사실 이날의 품평회는 완성된 그림이 아니라, 어진을 그리기 위한 밑그림인 초본 석 점을 나란히 걸어 놓고 어느 그림을 선택하여 작업을 진행할지 정하는 자리였다.

서향각의 동쪽과 서쪽에 각각 초본을 한 점씩 걸어 놓고, 가운데에는 **표구**가 잘된 족자본을 걸어 놓았다.

"이 초본들을 잘 살펴본 후에 어느 쪽이 좋은지 말해 보거라."

정조가 신하들의 의견을 구했다. 먼저 좌의정 채제공이 나섰다.

"그림은 너무 가까이서 바라보면 옳은 평가를 할 수 없습니다. 만일 머리카락 한 올까지 자세히 보려고 하면 도리어 참모습과 어긋날 우려가 있습니다."

멀찍이서 초본을 살펴보던 채제공이 잠시 후 입을 열었다.

"소신이 보기에 족자본 서쪽의 초본이 매우 좋습니다."

정조는 만족스러운 미소를 띠며 고개를 끄덕였다.

"내 생각도 그러하다. 이 초본은 밑그림을 수십 차례나 그린 뒤 가까스로 얻은 것이요, 동쪽의 그림은 경들에게 보이기 위해 오늘 아침에 대충 그린 것으로 내 마음에 차지 않는구나."

다음으로 말을 꺼낸 사람은 신하 홍낙성이었다.

"전하, 신의 생각으로는 족자본이 제일 자세하나 얼굴 부분의 채색이 지나치게 희어 보입니다. 그러니 조금만 매만진다면 부족한 점이 없을 듯합니다."

"과인의 얼굴빛이 하루에도 몇 번씩 변해 막 일어났을 때와 세수했을 때가 다르고, 아침과 저녁이 다르고, 저녁과 밤이 다르니 주관 화사 이명기가 내 참모습을 잘 잡아낼 수 있을지 걱정되었다. 짐의 생각은 좌의정과 같아서 서쪽의 초본이 가운데 족자본보다 나은데, 대신들의 뜻이 한결같지 않구나."

표구
종이나 비단 등을 사용해서 글이나 그림을 족자·액자·병풍으로 만드는 일.

잠시 고민하던 정조가 입을 열었다.

"어진을 담당한 이명기와 김홍도는 앞으로 나오라. 너희들이 보기에는 어떠하냐?"

먼저 주관 화사인 이명기가 대답했다.

"소신은 처음부터 서쪽의 초본이 낫다고 생각했습니다."

이명기의 생각은 정조의 의견과 같았다.

다음으로 그림을 찬찬히 살펴보던 김홍도가 입을 열었다.

"전하, 소신의 생각은 다르옵니다. 동쪽의 초본이 나아 보입니다. 동쪽의 초본과 가운데 족자본을 서로 참고하여 그리는 것이 좋을 듯하옵니다."

그러자 여기저기서 웅성거리는 소리가 들렸다. 이미 정조에게서 나쁜 평가를 받아, 품평회에 참가한 어느 누구도 눈여겨보지 않았던 동쪽의 초본을 김홍도가 언급한 것이 놀라웠을 터였다. 좌의정 채제공을 비롯한 대신들은 당장이라도 불호령이 떨어지지 않을까 숨을 죽이며 정조의 기색을 살폈다. 하지만 정조는 차분한 어투로 말했다.

"초상화의 생명은 눈동자에 있다고 한다. 내 얼굴을 내 스스로 보지는 못하지만, 가운데 족자본보다 서쪽 초본의 눈동자에 **정채로움**이 살아 있는

정채로움
눈부시게 환한 색채나 광채가 가득 차서 빛나거나 그런 느낌이 있음.

것 같아 마음이 흡족하다. 하지만 동쪽 초본은 본시 급하게 그린 것이라 정채로움을 말할 것이 못 된다."

신하 서호수가 다른 신하들의 의견을 모았다.

"전하, 기둥 아래에서 본 신하들은 서쪽 초본도 좋아 보이나 가운데 족자본이 더 좋다고 합니다."

정조는 신하들의 입장을 전해 듣고 다시 한번 찬찬히 초상화를 살펴보았다. 이제 결정을 내려야 했다.

"그대들의 뜻이 정 그러하다니 가운데 족자본을 바탕으로 **상초**하라. 조속한 시일 내에 색을 칠하고 표구를 하여 완성하여라."

아무리 정조가 신하들의 의견을 존중해 주는 임금이었다 하더라도 중인 신분의 일개 화원이 임금과 여러 신하 앞에서 어진을 품평하면서 아무도 지지하지 않는 작품에 대해 자신만의 독자적인 의견을 당당히 펼친 것은 누구나 할 수 있는 일은 아니다.

'스스로에게 부끄럽지 않게 말하고 행동하자.'

하늘 같은 임금과 여러 대신 앞이라도 할 말은 하겠다는 김홍도의 마음이었다.

"이보게, 이 손바닥만 한 그림 좀 보게나."

"〈해탐노화도〉 아닌가. 과거 시험을 앞둔 자네에게 제격이구먼. 아니, 그런데 붓놀림이 호탕하고 시원시원한 것이 예사 솜씨가 아니로군. 뒤로 발랑 나자빠지면서도 죽을힘을 다해 갈대꽃을 부여잡고 있는 게도 참 우습고, 허허."

"역시 알아보는구먼. 단원의 그림이라네. 내 이 그림을 아주 오랫동안 기다려서 선물로 받았어."

"그 얻기 어렵다는 김홍도의 그림을 선물로 받다니 부럽네그려. 게 두 마리가 갈대꽃을 꼭 부여잡은 것처럼 자네도 이번 과거에서 장원 급제를 꼭 거머쥐게나."

"그렇다면 얼마나 좋겠나. 고맙네."

옛날 사람들은 선물로 그림을 서로 주고받곤 했다. 장수와 건강을 기리는 그림, 자식을 많이 낳기를 기원하는 그림, 부자가 되기를 바라는 그림, 좋은 일이 많이 생기기를 바라는 그림을 주고받으며 서로의 행복을 기원했다. 특히 과거를 앞둔 선비들에게는 과거에 합격하기를 바라는 마음을 담아 '게가 갈대꽃을 탐하는 그림'이라는 뜻의 〈해탐노화도〉를 선물했다. 〈해탐노화도〉의 '노'는 한자로 '갈대 로(蘆)' 자이다. 이 한자의 중국식 발음은 '려'와 비슷한데, '려'는 원래 임금이 과거 급제자에게 나누어 주는 음식을 뜻한다. 그래서 '갈대를 전해 준다.'는 뜻의 '전로(專蘆)'는 '과거 시험 합격 통지서를 전달해 준다.'는 의미로 사용되었다. 그러니 그림 속에서 게가 갈대꽃을 붙잡고 있는 그림은 과거 시험에 합격하라는 뜻이다. 게가 두 마리인 것은 예비 시험인 소과와 본시험인 대과에 모두 합격하라는 바람을 담은 것

상초
최종본으로 정해진 초본을 비단에 옮겨 그리는 작업.

이다. 또한 딱딱한 게딱지를 한자로 '갑(甲)'이라고 하는데, '갑'은 **천간** 중 첫 번째에 오는 글자여서 일등을 의미한다. 즉 장원으로 붙으라는 뜻이다.

"단원의 글씨도 일품이지 않은가?"

"과연 듣던 대로 훌륭하군. 해용왕처야횡행(海龍王處也橫行), 바닷속 용왕님 계신 곳에서도 나는 옆으로 걷는다……. 이 말마따나 자네 장원 급제 하여 벼슬에 나아가서 임금님 앞이라고 쭈뼛쭈뼛 엉거주춤 앞뒤로 걸으면 아니 되네. 하하."

과거 시험에 장원 급제해 임금 앞에 나아갔을 때, 체면이나 눈치 때문에 어설프게 앞으로 걸어가려 하지 말고 자신의 품성대로 옆으로 걸을 수 있어야 한다는 김홍도의 화제. 이 짧은 문장 속에 권력 앞에서 비굴해지거나 출세하기 위해 타협하지 말고 소신을 가지고, 올곧게 살아가야 한다는 의미가 담겨 있다.

김홍도는 50대에 〈포의풍류도〉라는 그림을 그리고, 글씨 옆에 호리병 모양의 도장을 찍었다. 도장에는 '빙심(氷心)'이라고 새겨져 있는데, 이것은 곧 '얼음같이 맑고 깨끗한 마음'을 뜻한다. "한 조각 얼음같이 맑고 깨끗한 마음 옥항아리 안에 있다고 해 주오."라는 당나라 시인 왕창령의 시구에서 따온 말이다. 맑고 깨끗하고 단단한 얼음의 성질처럼 누가 뭐라고 하든 단단하고 맑은 마음을 지키겠다는 다짐을 표현한 것이다. 김홍도의 자인 '사능(士能)'의 뜻에서는 김홍도의 부모가 아들이 참다운 선비처럼 올곧은 사람으로 자라길 바랐음을 짐작할 수 있다. 사능은 '참다운 선비만이 할 수 있다'는 뜻으로, 《맹자》의 〈양혜왕장구상〉 편에 "일정한 소득이 없어도 항상 같은 마음을 가질 수 있는 것은 오직 선비만이 가능하다."라는 구절에서 빌어 온 것이다.

모름지기 임금 앞에서도 할 말을 하는 굳은 심지, 그림에 담은 의지와 이름에 담긴 뜻. 이 모든 것이 곧 김홍도 그 자신이었다.

천간
날짜나 달, 연도를 셀 때 사용했던 단어인 갑, 을, 병, 정, 무, 기, 경, 신, 임, 계를 뜻하는 말. 모두 열 개여서 '십간'이라고도 한다.

5장
배움엔 끝이 없다

"스승님, 청나라 연경(지금의 중국 베이징)에 다녀오신 이야기 좀 들려주십시오."

"내 연경에서 많은 것을 보고 배워 왔지. 조선에 없는 귀한 책을 많이 구경하고 황제의 잔치도 보았다네. 정말 굉장했어. 서양인들이 살고 있는 집 주변도 구경했다네. 우리 조선은 청나라를 오랑캐라고 무시하는데 그래선 안 돼. 청나라엔 우리가 보고 배울 게 너무 많아."

"그 유명한 **천주당** 그림도 보셨는지요?"

"그럼 보다마다. 천주당 벽과 천장에 그려져 있는 그림은 대단했다네. 그림 속 인물들이 마치 진짜 살아 있는 것처럼 보였지."

강세황은 1784년 청나라 황제의 칠순을 맞아 축하 사절단으로 연경에 다녀온 터였다. 당시 중국 청나라는 서양과 활발히 교역했다. 서양 사람들이 수시로 드나들어 여러 서양 문물이 전해졌고, 서양 화법의 영향을 받은 그림도 많이 그려졌다. 특히 원근법과 명암법을 활용하여 그려진 연경의 천주당 벽화가 유명했다. 원근법은 가까운 것은 크게, 먼 것은 작게 그려 거리감을 드러내는 기법이고 명암법은 밝고 어두운 면을 구분하여 색칠하는 기법이다. 당시 사람들은 이러한 화법이 서양에서 왔다는 뜻으로 '태서법'이라고 불렀다. 연경을 다녀온 사람들 사이에서는 이미 널리 알려진 화법이었다.

"저도 기회가 되면 꼭 연경에 다녀오고 싶습니다. 태서법을 직접 보고 배우고 싶습니다."

"그래, 자네한테도 그런 기회가 꼭 찾아올 것이야."

강세황의 말대로 드디어 김홍도에게도 새로운 기회가 찾아왔다. 동지사 대표인 이성원이 김홍도와 이명기를 동지사의 일원으로 데리고 가겠다고 정조에게 청한 것이었다. 동지사란 중국과의 외교를 위해 해마다 동짓달에 중국에 보내는 사신으로, 조선의 특산물인 인삼, 모시 등을 가져다주고 중국의 특산물을 받아 오는 역할을 했다.

천주당
우리나라에 천주교가 처음 들어오던 무렵에 '성당'을 이르던 말.

"전하, 이번 동지사에 화원 김홍도와 이명기를 데리고 가야 하는데, 원래 정해진 직책으로는 옮겨 줄 방도가 없으니 김홍도는 신의 군관 자격으로 추가 신청하고, 이명기는 추가 정원으로 데리고 가고자 합니다."

"그리 하라."

김홍도와 이명기가 동지사 연경 사행단에 합류하기로 한 뒤 정조는 김홍도를 은밀히 불러들였다.

"홍도야, 내 너를 동지사에 포함시킨 뜻을 아느냐?"

"예, 잘 알고 있사옵니다. 청나라의 여러 절을 둘러보고 용주사 불화를 그릴 때 참고하라는 뜻이 아니옵니까."

"그래, 비운의 삶을 살다 가신 아버님의 극락왕생을 기원하는 용주사의 불화를 홍도 자네가 맡아 주었으면 하네."

"전하, 소신에게는 너무나 큰 영광이옵니다. 다만 불화를 제작하는 방법이 일반 회화하고는 많은 차이가 있어서 전하의 기대에 미치지 못할까 두렵사옵니다."

"너무 부담 갖지 말라. 자네가 그리는 그림들처럼 백성들이 친근하고 편안하게 볼 수 있는 불화를 부탁하노라."

"소신 김홍도 명을 받아 전하의 깊은 뜻을 담은 불화로 보답하겠나이다."

당시 정조는 억울하게 죽은 아버지 **사도 세자**를 기리기 위한 여러 가지 일을 추진하고 있었다. 먼저 한양에 있던 사도 세자의 초라한 무덤을 수원으로 옮기고 '현륭원'이라는 이름을 붙였다. 이와 함께 사도 세자를 기리기 위한 절을 지을 것을 명했는데 그 절이 바로 용주사였다.

　1789년 겨울, 김홍도는 초상화를 잘 그리기로 소문난 화원인 이명기와 함께 동지사의 일원으로 청나라로 향하게 되었다. 스승 강세황에게서 들은 이야기가 많아서인지 김홍도는 가슴이 뛰었다.

　'아, 드디어 내가 연경에 가는구나. 이제 연경의 천주당 그림을 직접 볼 수 있어.'

　"이보게, 명기. 연경에서 우리가 꼭 봐야 하는 것이 있다네."

　"연경의 천주당 벽화를 말씀하시는 것이 아닙니까?"

　"자네도 알고 있구먼. 스승님도 연경의 천주당 벽화를 입에 침이 마르도록 칭찬하셨지. 그러나 말로만 듣고 그 참모습을 어찌 알겠는가. 이제야 직접 내 눈으로 확인할 수 있으니 기쁨이 이만저만이 아니네."

　연경의 천주당 앞에 도착한 김홍도와 이명기는 벽화를 향해 서둘러 발걸음을 옮겼다.

　'이것이 바로 원근법이구나. 멀리 있는 것은 작게, 가까이 있는 것은 크게 그려 거리감을 나타내는구나.'

사도 세자
영조의 둘째 아들이자 정조의 아버지(1735~1762). 이복형인 효장 세자가 요절하자 2세에 세자로 책봉되었지만 아버지 영조와의 갈등으로 폐위되었으며, 영조의 명으로 뒤주에 갇혀 굶어 죽었다.

그때 이명기가 놀라서 말했다.

"사람의 얼굴이 살아 있는 것 같습니다. 아니, 어떻게……."

김홍도는 자신의 눈을 믿을 수 없었다. 스승인 강세황의 칭찬으로 예상은 했지만 그 이상이었다. 그림 속에서 저희들끼리 속삭이는 소리가 들리는 듯했고, 살결을 만지면 따뜻한 체온도 그대로 전해질 것만 같았다.

"이것이 바로 명암법인가 보네. 얼굴의 튀어나오고 들어간 부분에 따라 색을 다르게 쓰니 광대뼈는 나오고 볼은 들어간 것을 이토록 생생하게 그려 낼 수 있구먼. 오호, 참으로 놀랍구나."

"예, 저도 이런 기법에 대해 이야기를 들은 바가 있으나 이렇게 눈으로 직접 확인을 하니 그 느낌이 새롭습니다."

"조선으로 돌아가면 이런 기법들을 익혀서 우리 그림에도 적용해 보도록 하세."

김홍도는 오랫동안 천장과 벽을 올려다보며 태서법의 하나하나를 두 눈에 담고 또 담았다. 그리고 다짐했다.

'내 기필코 태서법을 제대로 익혀 용주사 불화도 저렇게 그려 보리라.'

김홍도와 이명기는 연경의 여러 사찰을 돌아보면서 다양한 그림을 접하고, 그동안 말로만 들었던 여러 그림 기법을 꼼꼼히 살펴보았다. 그렇게 바쁜 연경에서의 일을 마치고 이듬해 2월 김홍도는 한양으로 돌아왔다.

정조는 기다렸다는 듯이 김홍도에게 용주사 불화 제작의 감독을 맡겼다.

"홍도는 연경에서 보고 느낀 것을 바탕으로 하여 이번 용주사 불화 작업의 **감동**을 맡거라. 이명기, 김득신도 함께 참여하게 할 것이다."

"전하, 소신 비록 부족하지만 최선을 다하겠나이다."

하지만 추운 날씨에 동지사 일행으로 연경까지 먼 길을 다녀온 탓인지 김홍도는 중병을 앓았다. 김홍도의 병세가 생각보다 심하다는 소식에 스승 강세황의 걱정 또한 커졌다.

병석에 누워 있다가 간신히 건강을 회복한 김홍도는 부채에 그림을 그려 강세황에게 전했는데 바로 〈기려원유도〉이다. 부채를 받은 스승 강세황은 김홍도가 다시 건강해진 것을 기뻐하며 부채 그림에 화제를 남겼다.

> 사능이 중병을 앓고 새로 일어나서 이렇게 세밀한 그림을 그리다니 오랜 병에서 완전히 회복된 걸 알 수가 있어서 얼굴을 대한 듯 기쁘고 안심이 된다. 더욱이 필치가 훌륭하여 옛사람과 갑을을 다투니 더욱 쉽게 얻을 수 있는 게 아니다. 마땅히 상자 속에 간직해야 할 것이다.

김홍도는 건강을 회복하자마자 쉴 틈도 없이 용주사 불화 작업에 매달렸다. 용주사의 모든 불화는 김홍도의 감독 아래 그려졌다. 그때까지 불화를 제대로 그려 본 적이 없던 김홍도의 고민이 깊어졌다.

감동
조선 시대에 국가에서 벌이는 특별한 사업을 감독하고 관리하기 위하여 임명하던 임시직 벼슬.

'예로부터 불화는 그 규칙이 까다롭고 엄격하여 전문적으로 그림 훈련을 받은 스님인 화승들만 그리는 것이다. 어찌하면 전하의 마음을 담은 불화를 그릴 수 있을까? 어떻게 하면 화승들의 의견을 존중하면서도 태서법을 잘 적용하여 입체감 있는 불화를 그려 낼 수 있을까?'

바람이 제법 선선해지는 가을로 접어들고 있었다. 김홍도를 비롯한 화승들 모두 자기가 맡은 불화 작업에 최선을 다했다. 드디어 일을 시작한 지 216일째 되던 날, 용주사의 불화가 완성되었다. 김득신, 이명기 그리고 화승들이 완성된 작품을 보며 환호성을 질렀다.

김홍도는 아무 말 없이 불화를 바라보았다. 그림 속 인물들의 얼굴에서 깊고 자연스러운 입체감이 느껴졌다. 김홍도는 그제야 비로소 안도의 한숨을 내쉬며 지난 시간을 되돌아보았다. 연경에 가는 험했던 길, 연경 천주당 벽화를 보고 감탄했던 일, 조선으로 돌아와 중병에 걸렸던 일, 불화 작업에 밤낮으로 매달렸던 일. 그 모든 시간들이 이 불화를 그리기 위해 정해진 운명처럼 느껴졌다.

김홍도는 이미 당대의 뛰어난 화가들에게 인정받고, 임금의 아낌없는 신뢰와 지원을 받던 최고의 화가였지만 배움을 향한 열정에는 끝이 없었다. 연경을 오가는 길은 중병에 걸릴 정도로 험하고 고된 과정이었지만, 그곳 천주당의 벽화와 벽화에 쓰인 기법을 두 눈에 가득 담아 와 자신의 것으로 만들기 위해 연습에 연습을 거듭했다. 새로운 것을 받아들이고 배우려는 마음가짐과 노력이 있었기에 자기의 전문 분야가 아닌 불화에서도 김홍도는 시대를 앞서간 최고의 명작을 남길 수 있었던 것이다.

6장
풍류를 즐기던 진정한 예술가

"여보게, 새로 부임한 찰방 어르신을 뵈었나?"

"아무렴, 며칠 전에 뵈었다네. 소문대로더군. 신선이 따로 없어."

"그러게 말일세. 키도 크고 팔다리도 길쭉한 것이, 그렇게 멋진 분은 처음이야."

"이 사람아, 생김새만 그런 게 아니야. 그림 솜씨가 조선 최고라지 않나. 시도 잘 짓고 악기 연주도 일품이라더군."

"허허, 이거 중인 출신의 화원이라고 해서 무시하다간 큰일 나겠구먼."

사람들은 삼삼오오 모이기만 하면 안기 찰방으로 새로 부임한 김홍도를 두고 이야기꽃을 피웠다. 중인 출신의 화원이 찰방으로 임명된 것도 흔한 일이 아닌 데다가 김홍도의 인물과 재주가 사람들의 관심을 끌기에 충분한 까닭이었다. 김홍도가 어려서부터 가까이 지냈던 문인 이용휴는 김홍도의 초상화를 보고 '옥이 비치는 듯 난이 향기로운 듯 소문에 듣던 것보다 훌륭하며, 온화하고 고상한 한 군자의 모습'이라고 했다. 또 김홍도를 아는 대부분의 사람들은 그를 두고 키가 훤칠한 데다가 잘생긴 미남이며, 생김새가 마치 신선 같다고 표현했다.

김홍도의 스승이자 어릴 적부터 김홍도를 지켜본 강세황은 이런 글을 남겼다.

> 찰방 김홍도는 자가 사능이다. 어렸을 적부터 우리 집에 놀러 다녔는데, 눈썹이 선명하고 기골이 빼어난 것을 보아 세속 사람이 아닌 기운이 있었다.
>
> _〈단원기 우일본〉 중에서

김홍도는 그림만 잘 그린 게 아니었다. 거문고, 대금뿐만 아니라 통소 등의 악기를 잘 다루며 **풍류**를 즐긴 것은 물론, 그림 그리는 틈틈이 스승 강세황에게 글씨 쓰기와 시 짓는 일까지 두루 배우며 여러 방면에서 소질을 끊임없이 갈고닦았다.

풍류
풍치가 있고 멋스럽게 노는 일.

비록 중인 신분의 화원이었지만 김홍도는 인격을 갖추는 일도 소홀히 하지 않았다. 그래서 양반들과 비교해도 부족함 없는 교양을 쌓을 수 있었다. 신선과도 같은 외모에 늘 겸손하고 자신을 낮출 줄 아니, 사람들이 김홍도를 보고 감탄하는 것도 무리가 아니었다.

"찰방의 뛰어난 이름은 오래전부터 들어 왔는데 이렇게 직접 만나니 영광이오."

"아닙니다. 불러 주시니 제가 오히려 감사합니다."

찰방 일에 어느 정도 익숙해져 갈 즈음, 경상도 **관찰사** 이병모가 모임을 갖겠다며 김홍도를 초청했다. 모임에는 성대중, 홍신유도 함께 어울렸다.

"내 찰방에게 그림을 부탁하기 위해 특별히 귀한 종이를 준비했소이다. 우리 모임의 모습을 멋지게 그려 주시오."

이병모의 부탁에 김홍도는 **감영** 안에 있는 오동나무며, 참석한 여러 사람의 모습을 순식간에 그렸다.

"오, 과연 찰방의 솜씨는 대단하오."

다들 술이 얼큰히 취하고 흥에 겨워 모임 분위기는 점점 무르익었다.

"찰방은 그림도 그림이지만 악기 연주도 잘한다고 들었소이다."

"아닙니다. 보잘것없는 솜씨일 뿐입니다."

"허허, 그러지 말고 한 곡조 부탁하오."

"모임의 흥겨움을 깰까 염려되옵니다."

"무슨 말씀이시오. 오히려 모임 분위기가 살아날 것이니 걱정 마시오."

이병모가 거듭 청하자 김홍도는 거문고를 꺼내 연주를 시작했다. 사방으로 퍼지는 거문고 소리는 무척 아름다웠다. 함께 어울린 사람들의 칭찬에 김홍도는 대금까지 연주하게 되었다.

모임이 끝난 뒤 김홍도가 집으로 돌아가려고 말에 오를 때였다. 갑자기 마당에 놓아기르던 학이 목을 빼고 울기 시작했다.

"아니, 학이 어째서 저렇게 서럽게 우는 걸까요?"

"글쎄요, 이상하게 찰방의 곁에서 떠나질 않는군요."

김홍도는 당황하여 학을 피해 말을 움직였다. 그러자 말을 따라 움직이던 학이 말안장에 실어 놓은 김홍도의 거문고갑과 대금 집을 부리로 부비고 있었다. 그제야 주변에 있던 사람들이 그 이유를 알고 탄복했다.

"오호! 저 학도 찰방의 거문고와 대금 소리에 감탄한 게로구먼. 참으로 놀라운 일입니다."

"그러게 말입니다. 찰방이 거문고 줄을 타면 마당을 돌며 춤을 추고 대금을 불면 부리로 음을 맞추었으니, 저 학조차도 찰방이 떠나는 것이 아쉬운 게 아니겠습니까?"

관찰사
조선 시대에 각 도를 다스리던 종2품의 벼슬.

감영
조선 시대에 관찰사가 일하던 관아.

"이렇게 헤어지기가 너무 아쉽소. 우리 또 만날 날을 기약해야 하지 않겠소?"

이병모가 아쉬운 마음을 감추지 못하고 말했다.

"관찰사 어르신, 봉화 청량산의 경치가 매우 아름다우니 다음 모임 장소는 거기가 어떨는지요?"

"거 좋습니다. 그럼 다음엔 청량산에 모여 풍류를 즐겨 봅시다."

얼마 지나지 않아 안동 북쪽에 있는 봉화 청량산에서 김홍도는 이병모, 성대중을 비롯하여 봉화 현감 심공저, 영양 현감 김명진, 하양 현감 임희택 등과 함께 모임을 가졌다. 청량산의 계곡물이 달빛을 받아 유유히 흐르는 한여름 밤, 술이 한 번씩 돌아가고 모임의 분위기가 점점 무르익었다.

"산은 고요하고 달빛이 이리 밝으니, 우리 찰방의 퉁소 소리를 한번 청하여 들어 보는 것이 어떻겠습니까?"

성대중의 제안에 심공저가 깜짝 놀라 물었다.

"아니, 찰방이 퉁소를 부실 줄 아시오?"

"찰방은 퉁소는 물론 거문고와 대금까지도 기가 막히게 연주한다오. 나는 현감이 찰방의 퉁소 소리에 깜짝 놀라 뒤로 넘어지지 않을까 걱정스럽소, 하하."

김홍도는 겸연쩍은 듯 미소를 지으며 퉁소를 꺼내 들었다. 주고받은 술잔과 모임의 분위기에 흥이 오른 듯 김홍도는 계곡 바위에 자리를 잡고 퉁소를 불기 시작했다.

곧이어 맑고 투명한 가락이 흘러나왔다. 퉁소 소리는 여름밤 달빛을 타고 사방으로 퍼져 갔다. 끊어질 듯 이어지고 구슬프게 가락을 탔다가 시원한 냇물처럼 쏟아지는 퉁소 소리에 모두들 넋을 잃었다.

"마치 신선이 생황을 불며 내려오는 줄 알았소. 찰방은 신선이 사는 곳에서 오시었소?"

"바람마저 조용히 귀 기울여 듣는 것 같았소."

"과찬이시옵니다. 그저 틈틈이 연습하며 즐겨 부는 정도의 작은 재주일 뿐입니다."

"오늘 이렇게 찰방의 퉁소 가락을 듣고 있자니 흥이 절로 납니다. 이토록 좋은 날에 시가 빠질 수 있겠소? 내 먼저 시작할 터이니 여기 계신 여러분이 돌아가며 화답하여 주시면 어떻겠소이까?"

모두들 고개를 끄덕이며 반갑게 이병모의 제안을 받아들였다. 이병모가 운을 떼자 성대중이 먼저 화답하고 뒤이어 심공저, 김명진을 거쳐 임희택이 시를 읊었다. 이제 김홍도가 받을 차례였다. 김홍도는 잠깐 숨을 고른 뒤 두 눈을 지그시 감고 입을 뗐다.

구름 병풍과 안개 **휘장**이 한 폭 한 폭 드러나니,
누구의 솜씨인가 아득하고 망망한 열두 폭 그림

휘장
여러 폭의 천을 이어 둘러치는 넓은 막.

"역시 그림 그리는 사람답게 청량산의 경치를 그림에 비유하는구려."

"허허, 찰방의 시 짓는 솜씨가 듣던 대로 만만치 않습니다."

모두들 김홍도의 시를 칭찬했다. 사람들의 웃음소리로 가득 찬 한밤의 계곡은 달빛 아래에서 신비로운 분위기로 물들었다.

낭만을 즐기는 김홍도의 풍류는 노년기에 접어들어 가난이 파고들었을 때에도 멈출 줄 몰랐다.

"아니, 여보게. 자네 집에 쌀이 떨어져 끼니 걱정을 한다는 얘길 들었네. 그런데 이 귀한 술은 도대체 어디에서 난 건가?"

갑작스럽게 김홍도의 부름을 받고 모인 친구들 가운데 하나가 걱정스러운 목소리로 물었다.

김홍도는 대답 없이 웃으며 그저 한쪽을 가리켰다. 그곳에는 한눈에 보기에도 멋들어진 매화 화분이 놓여 있었다.

"아니, 저 매화는 또 무엇이고?"

김홍도는 매화에 눈길을 주고는 껄껄 웃으며 대답했다.

"며칠 전에 저잣거리를 지나는데 눈에 확 띄는 매화가 하나 있지 않겠는가? 그 모습이 너무나 기이하여 자꾸만 눈에 밟히더라고. 그 매화를 집에 가져오고 싶었지만 돈이 없으니 별수가 있나. 그런데 마침 오늘 아침에 그림을 그려 달라며 3000푼을 누가 보내오지 않았겠는가. 바로 2000푼을 매화와 바꾸고, 800푼으로 이 술을 사서 이렇게 자네들을 부른 거라네."

"그럼 나머지 200푼으로는 무엇을 하였는가?"

"나머지 200푼으론 쌀과 땔나무를 샀지."

"아니, 자네……."

"허허, 걱정들 마시게. 매화를 바라보며 자네들과 술을 들 수 있으니 참으로 흥겹네그려. 아, 뭣들 하나, 어서 술잔들 들지 않고."

매화를 감상하면서 술을 마시는 '매화음'은 옛 선비들이 즐긴 풍류였다. 김홍도는 큰돈을 내어 마음에 드는 매화를 선뜻 사들이고 매화음을 열 만큼 가난 앞에서도 풍류를 잃지 않았던 낭만가였다.

우리 조상들은 그림에는 화가의 인격이 드러난다고 생각했고, 학식이 높은 선비가 그린 그림일수록 정신적인 고고함이 깃들어 있다고 하여 소중히 여겼다. 김홍도 역시 그림을 단순히 기술로만 보지 않고 인격과 마음을 담는 예술로 생각했다. 그래서 꾸준히 시를 짓고 글씨와 악기 연습을 하면서 인격과 학식을 갖추려고 했다.

이한진이 지은 《청구영언》에는 김홍도가 지은 시가 실려 있어 김홍도의 학문적 소양을 알 수 있다.

　　봄 물에 배를 띄워 가는 대로 놓았으니
　　물 아래 하늘이요 하늘 위가 물이로다
　　이 중에 늙은 눈에 뵈는 꽃은 안개 속인가 하노라

김홍도는 글씨 또한 빼어났다. 그림에 남긴 화제를 보아도, 김홍도가 죽은 후 아들 김양기가 생전에 아버지가 쓴 글씨를 모아 엮은 《단원유묵첩》을 보아도 그 실력이 보통이 아니었음을 알 수 있다. 글씨가 얼마나 아름다웠

봄 물에 배를 띄워
가는 대로 놓았으니
물 아래 하늘이요
하늘 위가 물이로다

던지 신위라는 화가는 이렇게 평가했다.

> 단원의 그림은 보통을 뛰어넘어 입신의 경지에 들었다. 글씨는 그다지 신경을 쓰지 못했을 텐데도 역시 그림과 같으니 대단한 능력이다.
> _《단원유묵첩》 서문 중에서

중인 신분의 김홍도가 당대의 사대부들과 어울려도 뒤지지 않을 만큼 문학과 예술에 빼어났던 것은 시와 글씨, 그림 실력을 제대로 갖춘 '시서화 삼절'로 불리기 위해 평생을 노력했던 조선 시대 선비들 못지않게 노력을 기울인 까닭이었다.

나라에서 으뜸가는 화가에 글씨와 시, 악기 연주 실력 또한 빼어났던 사람. 타고난 성품과 갈고닦은 인격으로 신선이라 불리며 풍류를 즐길 줄 알았던 사람. 그가 바로 진정한 예술가 김홍도였다.

7장
산수화의 새로운 지평을 열다

"이보게, 홍도. 내 이번에 금강산을 그려 보았다네. 한번 봐 주시게."
"와! 대단합니다. 이게 정말 금강산이란 말입니까?"
김홍도는 김응환이 그린 금강산 그림을 보고 탄성을 질렀다.
"그렇다네. 겸재 **정선** 선생의 〈금강전도〉를 보고 따라서 그려 보았네."
"겸재 선생의 〈금강전도〉만큼이나 금강산의 모습을 아주 잘 표현한 것 같습니다."
"예끼, 이 사람아. 내가 어찌 겸재 선생의 솜씨에 미치겠는가. 그냥 흉내 한번 내 본 것이네."
"아닙니다. 그림으로 보는 것인데도 금강산의 아름다움이 그대로 전해지는 듯합니다."

"고맙네. 그동안에는 화가들이 산수화를 그릴 때 직접 본 자연의 모습이 아니라 마음에 있는 상상 속 경치를 그리지 않았나. 그렇다 보니 실제 경치와는 전혀 상관없는 그림이 되고 말았지. 하지만 겸재 선생은 달라. 자연의 실제 모습을 보고 자신만의 독특한 화법을 개발하여 산수화를 그렸으니 말일세."

"금강산 일만이천 봉우리를 한 폭의 그림에 담을 생각을 한 겸재 선생이 존경스럽습니다."

"금강산에 가서 아름다운 풍경을 직접 보았으니 가능하지 않았겠는가?"

"그렇군요. 그동안 책에 그려진 중국 산수나 흉내 내고 있던 제가 부끄럽습니다. 우리 땅에 이렇게 아름다운 금강산이 있고 겸재 선생의 그림이 있는데……. 저의 어리석음을 단박에 깨우쳐 주셔서 감사합니다."

"하하, 내 서툰 그림 한 점이 자네에게 깨우침을 주었다니 기쁘네. 사실 나 역시 금강산을 가 본 적이 없지만 그림을 따라 그리는 내내 언젠간 그곳에 가 보고 싶다는 마음이 간절해졌다네. 겸재 선생께서 그러하였듯이 우리도 이젠 중국이 아닌 조선 산천이 지닌 아름다운 경치를 그려야 하지 않겠는가?"

정선
조선 후기의 화가(1676~1759). 호는 '겸재'로, 우리 고유의 진경 산수화를 개척하였으며 특히 금강산 그림을 많이 남겼다.

"예, 기회가 된다면 저도 금강산에 꼭 가 보고 싶습니다."

"그래, 그런 기회가 온다면 자네랑 함께 가면 좋겠구먼. 그리고 이 그림은 자네에게 주는 작은 선물일세."

"아니, 이런 귀한 그림을. 선배님, 감사합니다. 저도 선배님과 함께 금강산에 가면 좋겠습니다."

〈금강전도〉를 보던 김홍도는 두 손을 꼭 쥐면서 말했다.

"언젠가는 꼭 겸재 선생을 뛰어넘는 산수화를 그리고 싶습니다."

"그래, 자네라면 해낼 수 있을 것이네."

도화서 선배 화원이던 김응환이 선물한 〈금강전도〉는 스물여덟 살의 김홍도에게 산수화를 바라보는 시각과 산수화가 나아가야 할 방향을 새롭게 일깨워 주었다. 김홍도와 김응환은 선후배 관계를 넘어 **호형호제**하는 관계로 발전했다. 그리고 그 인연은 16년 뒤 정조의 어명을 받아 함께 금강산에 오르는 계기가 되었다.

"내 오랫동안 금강산에 가고 싶은 마음을 참고 있었으나 이제는 더 이상 참기가 어렵구나. 하지만 나랏일 때문에 직접 가 볼 수는 없는 몸이니 그림으로라도 보면서 위안을 삼고 싶다. 그대들이 가서 금강산의 살아 있는 경치를 그림으로 그려 오라."

"전하, 비천한 재주이오나 성심을 다해 그려 오겠나이다."

"또한 가는 걸음에 **관동 팔경**의 경치도 함께 그려 오너라."

1788년 김홍도는 김응환과 함께 금강산과 관동 팔경을 그려 오라는 정조의 명을 받았다. 정조는 두 사람이 들르는 고을의 수령에게 둘을 위해 필요한 물자를 공급하고 특별 대우하여 불편함이 없도록 하라는 당부를 잊지 않았다.

햇살이 뜨거운 7월 말, 두 사람은 금강산 경치를 담을 질 좋은 비단과 한지를 말 등에 잔뜩 싣고 길 떠날 채비를 했다. 한양을 떠나 평창, 오대산을 거쳐 대관령을 넘어 강릉에서 동해안을 따라가면서 관동 팔경인 죽서루, 월송정, 낙산사 등과 통천의 총석정까지 두루 구경하고 그 풍경을 화폭에 담았다. 금강산 입구인 회양에 도착했을 때에는 가을 바람이 불고 있었다.

"어서 오게나. 고생들 많았지?"

강세황이 김홍도와 김응환을 반갑게 맞이했다.

"스승님, 어찌 이곳까지 나오셨습니까?"

"자네들이 온다고 하니 내가 가만히 앉아 있을 수가 있어야지. 그건 그렇고 그림은 잘되어 가는가?"

"최선을 다하고 있습니다. 스승님께서 한번 살펴봐 주십시오."

호형호제
서로 형이니 아우니 하고 부른다는 뜻으로, 매우 가까운 친구 사이로 지냄을 이르는 말.

관동 팔경
강원도와 경상북도 동해안 일대의 총석정, 낙산사, 삼일포, 경포대 등의 여덟 명승지.

당시 회양에는 표암 강세황이 머물고 있었다. 맏아들인 강인이 회양 **부사**로 있었는데 아들을 따라 강세황도 그곳에 잠시 내려와 있던 터였다. 고된 여행에 힘들었던 김홍도와 김응환은 회양에서 극진한 대우를 받으며 잠시나마 휴식을 취했다. 또한 강세황과 함께, 그동안 그린 그림들을 펼쳐놓고 비교하며 하나하나 손보았고 빠뜨린 것은 없는지 확인했다.

"여보게들, 내 늙어 힘이 들지만 금강산 여행에 함께해도 되겠나?"

"스승님께선 금강산 여행을 속되다고 싫어하셨지 않습니까?"

"그랬지. 내가 금강산 여행을 주저했던 것은 금강산을 제대로 보는 눈도 없는 사람들이 무리 지어 단 한 번 구경한 것을 가지고 떠들썩하게 자랑하는 것이 싫어서였네. 그래서 기회가 있었지만 금강산에 가지 않았지."

"과연 속된 것을 싫어하시는 스승님답습니다."

"하하, 그렇지만 이제는 아닐세. 자네들과 함께한다면 원래 산을 좋아하는 내 마음을 더 이상 막을 도리가 없을 것 같네."

"스승님께서 함께해 주신다면야 저희들은 너무 영광입니다."

이렇게 해서 김홍도와 김응환, 강세황과 그의 두 아들에 두 친구들까지 일곱 사람이 금강산을 향해 출발했다. 마음 맞는 사람끼리 모여 울긋불긋 고운 단풍잎으로 뒤덮인 산길을 걷고 있으니 모두 흥에 겨웠다.

금강산의 날씨는 변화무쌍했다. 해가 쨍쨍하다가도 갑자기 날씨가 추워져 눈발이 흩날리기도 했다.

"홍도, 무슨 일인가?"

김응환이 갑자기 고삐를 당겨 말을 세운 김홍도에게 물었다.

"형님, 때아닌 눈발이 날리기는 하나 낙엽이 깔린 이 길이 너무나 아름답습니다."

김홍도는 품에 넣어 두었던 퉁소를 꺼내 불기 시작했다.

"허허, 외딴 산길에서 대낮에 울려 퍼지는 퉁소 소리라! 참 색다른 느낌일세."

"아름다운 가을 금강산에 딱 어울리는 가락일세."

김홍도의 퉁소 소리에 화답하듯이 강세황의 아들 강신은 피리를 꺼내 불기 시작했다. 김홍도와 강신은 즐거운 이야기를 주고받듯 한동안 연주를 이어 갔다.

"춥다고 벌벌 떨면서도 나를 알아주는 사람이 없다고 크게 소리 지른다더니, 이렇게 매서운 날씨에도 굳이 퉁소와 피리를 부는 것이 바로 이런 경우를 말한 것이구나! 허허."

"하하하!"

강세황은 계절에 맞지 않는 풍류가 너무 우스웠던지 농담을 던졌고 이에 모두들 크게 한바탕 웃으며 즐거워했다. 퉁소와 피리 소리에 마음을 달랜 일행은 다시 가던 길을 재촉했다. 해가 저물어서야 장안사에 도착했다.

부사
조선 시대에 지방 행정 관청인 대도호부와 도호부를 다스리던 대도호부사와 도호부사를 통틀어 이르던 말.

"예전엔 이름 있는 큰 절이었다는데 다리는 끊어지고 건물은 이렇게 허물어졌으니……."

강세황이 장안사의 모습을 보고 감상에 젖어 말했다.

여행길이 고되었던지 김홍도 일행은 절을 잠시 둘러보고는 일찍 방에 들어가 잠이 들었다.

"스승님, 밤새 안녕히 주무셨는지요?"

"자네도 잘 잤는가? 그래, 아침에 보는 금강산의 느낌은 어떤가?"

"산의 기세가 웅장한 것이 왜 금강산이라 하는지 알 것 같습니다."

"그러게 말일세. 장안사는 금강산의 초입으로 대문과 같을 뿐인데도 벌써 산의 기세와 물소리가 범상치 않아."

김홍도 일행은 며칠 동안 **내금강**에서 가장 경치가 좋기로 이름난 명경대, 삼불암, 표훈사, 만폭동 등을 분주히 돌아다녔다.

"여보게, 나는 내금강의 명승을 본 것으로 만족하네. 더 이상은 길이 험해 힘들 것 같네."

나이가 많아 힘이 부친 강세황이 김홍도에게 말했다.

"외금강도 함께 돌아보면 좋겠지만 스승님의 건강이 걱정되어 고집을 피우지 못하겠습니다."

"아쉽기는 하지만 어쩌겠나. 그나저나 돌아올 땐 꼭 회양 관아에 들러 외금강을 그린 그림을 보여 주어야 하네. 약속하게나."

"아무렴요, 꼭 보여 드리도록 하겠습니다."

"겸재 정선이 그러하였듯이 자네도 자네만의 기법을 잘 활용하여 후대에 산수화의 모범이 될 그림을 그려 보게나."

제자를 애정 어린 눈빛으로 바라보며 강세황이 말했다.

"예, 스승님의 말씀을 마음에 품고 금강산을 그리겠습니다."

김홍도는 스승 일행을 떠나보내고 김응환과 함께 외금강으로 들어갔다. 그리고 은선대 십이폭포, 유점사, 옥류동, 구룡연 등 외금강의 숱한 명승을 다니며 성심을 다해 그림을 그렸다. 열흘 뒤 김홍도와 김응환은 100여 폭이 넘는 그림을 그려서 회양 관아로 돌아왔다.

"약속을 지켜 주어서 고맙네. 고생이 많았네, 고생이 많았어. 수고가 많았으니 푹 쉬었다 가게나."

강세황이 반가운 얼굴로 두 사람을 맞이했다.

"어디, 자네들이 그린 그림들 좀 볼 수 있겠나?"

김홍도는 주저하면서 조심스럽게 그림을 꺼냈다.

"한 작품 한 작품 고민에 고민을 거듭하며 그림을 그렸습니다. 스승님, 그림이 어떠한지요?"

강세황은 김홍도가 건넨 그림들을 한참 동안 아무 말 없이 넘겨 보았다. 그리고 천천히 입을 열었다.

내금강
금강산 중앙에 죽 이어져 있는 산봉우리를 경계로 하여 서쪽으로 펼쳐진 내부의 금강산. 내금강 동쪽으로 동해안을 따라 펼쳐진 지역은 '외금강'이라고 한다.

"두 사람 다 참으로 놀라운 경지에 이르렀어. 대단하군, 대단해."
"정말이십니까?"

김홍도와 김응환이 믿을 수 없다는 듯 물었다.

"정말이다마다. 두 사람이 각기 서로 다른 장점을 잘 살려서 그렸네. 한 명은 크고 힘차며 울창하고 빼어난 멋을 잘 살렸고, 한 명은 아름답고 분명하며 섬세하고 교묘한 형태를 정성스럽게 잘 묘사했네. 과연 이전엔 볼 수 없었던 그림들일세."

강세황의 칭찬에 김홍도와 김응환은 그동안의 모든 고생이 사라지는 것 같았다.

"전하의 어명을 생각하며 금강산의 실제 경치를 담으려 애썼습니다."

"과연 그렇구먼. 금강산 산신령이 자네들 그림을 본다면 아주 기뻐할 걸세. 자기가 사는 산을 그 모습대로 꼭 닮게 그려 놓았으니 말이야."

한양으로 돌아온 김홍도는 금강산에서 그려 온 초본을 바탕으로 긴 두루마리에 채색한 금강산 그림을 완성해 정조에게 바쳤다.

"이곳이 진정 금강산이란 말이지. 정말 뛰어나게 아름다운 경치로다! 마치 금강산을 내 눈으로 보는 것 같구나."

"전하의 과찬에 몸 둘 바를 모르겠사옵니다."

정조는 얼굴에 환환 미소를 지으며 말했다.

"아니다, 아니야. 정말 대단하구나. 이 그림을 늘 곁에 두고 금강산에 직접 가 보지 못한 아쉬움을 달래야겠다. 이렇게 금강산에 가지 않고도 아름다운 경치를 즐길 수 있게 되었으니 이게 다 홍도 자네의 공이로다."

정조는 김홍도가 그린 두루마리 금강산 그림을 평생 아끼며 즐겨 감상했다.

이전까지 사람들은 산수화 하면 겸재 정선을 떠올렸다. 그러나 김홍도가 금강산을 그린 뒤로 많은 화가들이 김홍도의 화풍을 따라 하기 시작했다. 객관적이고 사실적이며, 세밀하고 구체적으로 풍경을 묘사하고 다양한 기법을 활용하여 자신만의 독자적인 화풍을 만들고, 더 나아가 조선 산수화의 새로운 지평을 연 것이다.

관념 산수화와 진경 산수화

　조선 전기의 화가들은 추운 겨울에도 여름 경치를 그렸고, 한여름에도 겨울 경치를 그렸다. 또한 중국에 한 번도 가 본 적이 없는데도 중국에 있는 동정호 주변의 경치를 그렸으며, 신선 세계의 경치도 그렸다. 중국 산수화의 영향을 많이 받아 상상 속 풍경을 그린 것이다. 이와 같이 실제 있는 것을 보고 그린 것이 아닌, 상상해서 그린 산수화를 '관념 산수화'라고 한다. 안견이 안평 대군의 꿈 이야기를 토대로 그린 〈몽유도원도〉가 관념 산수화를 대표하는 작품이다. 이 그림 속에서 안견은 상상 속에서나 있을 법한 거대하고 놀라운 기암괴석이나 신비한 길 등 존재하지 않는 것을 자유롭게 상상하여 표현했다.

〈몽유도원도〉, 안견

　조선 후기에 사회가 새롭게 변화하고 사람들의 의식이 바뀌면서 서서히 '진경 산수화'가 유행했다. 진경 산수화란 우리나라 산천의 멋과 아름다움을 직접 보고 그린 그림이다. 특히 정선은 우리나라 산천의 아름다운 풍경을 보고 느낀 감흥과 기운을 그림에 표현하려고 했다. 이를 위해 대상의 특징을 잡아 자기 나름대로 강조하거나 생략했고, 힘차고 개성 있게 표현했다. 정선의 화풍은 중인층 문인화가와 도화서 화원들에게 널리 퍼져 조선 후기 진경 산수화의 주류를 이루었다.

반면 강세황은 실제 경관을 눈에 보이는 대로 그리는 사실적인 기법을 강조했다. 그의 뒤를 이어 더욱 치밀한 구도와 필법으로 박진감 넘치는 화풍을 발전시킨 것이 김홍도이다. 김홍도는 눈에 보이는 대로 사실적이고 부드러운 느낌의 아름다움을 그림에 담으려고 했으며, 원근법 등을 사용해 경치를 섬세하고 실감나게 표현했다. 조선 후기 진경 산수화의 새로운 양식으로 등장한 김홍도의 화풍은 여러 화원들에게로 이어졌다.

〈총석정〉, 김홍도(위) / 〈총석정〉, 정선(아래)

8장
모든 분야에서 최고의 기량을

"자네의 신선 그림이 놀라울 만큼 물이 올랐구먼. 게다가 이렇게 대담하고 빠른 붓놀림으로 신선의 옷자락을 표현하니 아주 박력 있고 기운이 넘쳐 보이네."

"여보게, 홍도. 무슨 내용의 그림인지 설명 좀 해 보시게."

도화서의 동료 화원들이 김홍도가 그린 신선도를 보고 말했다.

"**서왕모**의 생일잔치에 가는 신선들의 모습을 그렸습니다."

"과연 생일잔치에 가는 장면이라 그런지 분위기가 활기차고 흥겹구먼. 아니, 그런데 그림의 신선들이 우리 조선 사람의 얼굴을 하고 있어!"

그림을 보던 한 화원이 깜짝 놀라 말했다.

"**실재감**과 생동감을 불어넣기 위해 그리 그려 보았는데 어떠한지요?"

김홍도가 동료들의 반응을 궁금해하며 물었다.

"중국의 신선도 김홍도가 그리니 이렇게 달라지는구먼!"

"이 여인의 옷 주름을 보시게. 하늘 위 선녀가 아니라 현실 속 미인으로 다가오는 것 같아, 하하."

김홍도는 30대의 젊은 시절에 신선도로 이름을 날렸다. 특히 힘찬 붓놀림으로 기운이 넘칠 뿐만 아니라, 머리가 길쭉하게 표현된 중국식 신선과는 다르게 조선 사람의 얼굴을 한 신선을 그렸다.

하루는 정조가 김홍도에게 궁궐 벽에 바다의 신선들을 그리라고 명했다. 김홍도는 하얗고 커다란 벽 앞에 서더니 일꾼을 불렀다.

"여보시오, 진한 먹물 그릇을 들고 내 옆에 서시오!"

김홍도는 관모를 벗고 소매를 걷어 올렸다. 그러고는 붓에 먹을 묻혀 비바람 몰아치듯 붓을 휘둘러 그림을 그렸다. 몇 시간도 채 안 되어 흰 벽 위에 파도가 출렁거렸고, 신선들은 그 바다를 건너고 있었다.

"언덕을 무너뜨릴 것처럼 파도의 기세가 세서 자꾸 뒤로 물러나게 되는군. 정말 대단해!"

"신선들이 가볍게 걸어서 구름 속으로 들어가는 모습은 또 어떻고!"

주위에 하나둘 모여든 사람들이 그림을 보고 감탄했다. 현실에 있지 않

서왕모
중국 도교 신화에 나오는 불사의 여신. 곤륜산에 살며 다른 신선들을 지배한다고 알려져 있다.

실재감
그려진 물건이 실물인 듯한 느낌.

은 상상의 인물인 신선들을 그려야 했으니 김홍도의 상상력과 그것을 놓치지 않고 신들린 붓질로 그려 낸 솜씨에 감탄할 수 밖에.

"자네 〈서원아집도〉를 아는가?"

강세황이 술잔을 기울이며 김홍도에게 물었다.

"이공린이 그린 〈서원아집도〉를 말씀하시는 것입니까? 송나라 때 왕진경이라는 학자가 자신의 정원인 서원에서 당시 명성 높은 학자, 화가, 서예가, 승려들과 가진 모임을 그린 그림이지 않습니까?"

"그래, 자네도 잘 아는구먼. 각 인물이 저마다 독특한 모습으로 등장하지. 내가 〈서원아집도〉를 따라 그린 것을 많이 보았지만 대부분 인물 묘사가 서툴고 짜임새도 부족하여 차마 보기가 민망하였네. 이참에 자네가 그려서 후세에 본이 되면 좋을 것 같은데, 어떠한가?"

"스승님, 제가 어찌……."

"아닐세, 신선도에서 보여 준 자네의 필치라면 최고의 그림을 그릴 수 있을 것이네."

강세황이 부채 위에 〈서원아집도〉를 설명하는 글을 적어 김홍도에게 주었고, 이듬해 여름 김홍도가 〈서원아집도〉 부채 그림을 완성했다. 또 그해 가을에는 여섯 폭 병풍으로 제작한 〈서원아집도〉를 그렸다. 김홍도는 이 그림에서도 주인공들을 조선 사람의 모습으로 표현했다. 중국의 고사 인물을 그리면서도 우리의 감성과 멋이 우러나오는 그림으로 탈바꿈시키는 뛰어난 창의성을 발휘한 것이다. 강세황은 그 그림을 보고 "필세가 빼어나게 아름답고 고상하며 인물이 마치 살아 움직이는 듯하다."라면서 김홍도의 그림을 이공린의 원본과도 우열을 다툴 정도라고 높이 평가했다.

　타고난 재능도 재능이지만 김홍도는 기존에 없던 새로운 양식을 처음 선보이기도 했다. 돌잔치, 혼례 등 사대부의 일생 중 기념할 만한 일을 골라 여덟 폭의 병풍 형태로 그린 〈평생도〉가 그중 하나이다. 김홍도가 〈평생도〉를 그린 이후 여러 화가들이 따라 그리면서 〈평생도〉는 크게 유행했다.

　"김홍도가 그렸다는 이 그림 한번 보게나. 단옷날 씨름장의 모습이 한눈에 쏙 들어오지 않는가?"

　"등장인물 한 명 한 명의 얼굴 표정이 모두 살아 있는 듯하구먼."

　"엿장수 좀 보게나. 씨름은 안중에도 없고 딴 곳을 보고 있어, 하하."

　"자네는 누가 이길 것 같은가?"

　김홍도의 《풍속화첩》에 있는 〈씨름〉이라는 그림을 보면서 사람들이 저마다 한마디씩 했다.

　김홍도는 풍속화의 새로운 지평을 연 당대 최고의 풍속화가였다. 신윤복, 김득신 등이 그 뒤를 이으면서 풍속화가 크게 유행하기 시작했다. 김홍도 덕분에 조선 후기의 풍속화가 한 단계 더 발전한 것이다. 이후 풍속화는 서민뿐만 아니라 임금까지도 즐기게 되어 자비대령화원을 뽑는 화원 시험의 한 과목이 되었고, 정조는 "그림을 보는 순간 내가 껄껄 웃을 수 있는 그림을 그려라."라는 문제를 출제하기도 했다.

　"아니, 자네 부채 그림이 아주 근사하구먼."

　"단원의 그림을 아주 어렵게 하나 구했다네. 한번 보시게나."

　"찔레꽃을 향해 날아드는 나비의 모습이군. 부드러운 날갯짓이 살아 있

는 게 아주 명품일세."

"그뿐만이 아닐세. 여기 표암 어른의 화제도 있다네. '나비 가루가 손에 묻을 듯하니 사람의 솜씨가 자연의 아름다움을 빼앗았도다.' 이 말마따나 나비의 모습이 진짜 같지 않은가?"

"석초 어른도 한 말씀 하셨구먼. '나비가 비스듬히 날며 날개를 펼치는 모양은 그렇다고 치고, 하늘의 뜻을 얻은 색으로 이와 같은 모습을 드러내니 붓 끝에 신이 있네.' 단원이 **화조화**도 이렇게 잘 그리는 줄은 몰랐어."

"아니, 이 사람아. 소식이 감감이구먼. 이덕무 선생의 부친 칠순 잔치뿐만 아니라 여러 잔치에 초대받아서 새와 꽃, 대나무, 국화 등을 그렸다는 소문을 못 들었는가?"

"그랬는가? 난 신선도와 풍속화로만 유명한 줄로 알았지 뭔가."

김홍도가 그린 〈협접도〉는 찔레꽃을 향해 나비 세 마리가 날아드는 그림으로 나비는 물론 꽃과 잎까지 조심스럽고 치밀하게 그린 부채 그림이다. 30대의 김홍도가 신선도와 풍속화로 유명했다면 40대 초 김홍도의 특기는 화조화에 있었다.

을묘년인 1795년, 정조는 어머니 혜경궁 홍씨와 죽은 아버지 사도 세자의 회갑연을 열기 위해 수원 화성으로 행차했다. 그리고 **어가** 행렬과 잔치의 전 과정을 글과 그림으로 기록한 〈원행을묘정리의궤〉를 만들도록 했다. 이때 의궤에 들어가는 그림인 반차도의 책임자가 바로 김홍도였다. 나라의 큰 행사를 기록하는 중대한 일을 김홍도가 맡게 된 것이다. 김홍도는 반차도 작업을 끝낸 뒤 중요한 여덟 장면을 뽑아 병풍으로도 만들었는데, 바로

〈화성행행도팔첩병〉이었다.

"아니, 이 장대한 장면을 어떻게 병풍의 한 폭 한 폭에 담을 생각을 하셨습니까? 정말 대단하십니다, 대단해."

도화서 후배 화원인 김득신이 병풍을 보고는 연신 감탄을 했다.

"그런데 이 장면은 구도를 잡는 것이 퍽 어려웠겠습니다."

김득신이 병풍의 여덟 폭 가운데 한 폭을 가리키며 말했다.

"사실 지금까지 그림을 그리면서 이처럼 어려운 장면은 처음이었네. 좀처럼 구도를 잡을 수가 없었지. 그래서 가까이에 있는 산에 올라가 어가 행렬 장면을 다시 떠올려 보았네. 한참을 고민하다 갑자기 번뜩이며 떠오른 생각이 바로 갈 지(之) 자였네."

김홍도는 그림의 구도를 잡기 위해 고민에 고민을 거듭했던 일을 김득신에게 친절하게 설명했다.

"수많은 사람과 말을 다 담아내기 위해선 결국 화폭을 쪼개는 수밖에 없었네. 왼쪽에서 오른쪽으로, 다시 왼쪽으로, 이렇게 구부러진 사선을 여러

화조화
꽃과 새를 그린 그림. 넓은 의미로는 동물과 식물이 결합된 그림 전반을 말한다.

어가
임금이 타던 수레.

번 연속해서 그리는 거지. 갈 지(之) 자 형태로 말이야."

"과연 단원 선배님이십니다!"

"하지만 구도만으로 그림이 완성되는 것은 아니지. 수많은 말과 안장, 군사들의 옷차림까지 어느 것 하나도 빠뜨리지 않고 정성을 다해 그렸다네. 구경 나온 사람들은 길가와 언덕 위에 배치하고 천막을 치고 술 파는 사람, 엿을 파는 엿장수, 아기를 업고 나온 아녀자 할 것 없이 꼼꼼하게 그려서 평화롭고 즐거운 마음들이 드러나게 하였지."

이렇게 하여 탄생한 것이 〈화성행행도팔첩병〉 가운데 〈시흥환어행렬도〉였다. 정조의 어가 행렬이 시흥 행궁에 도착하는 장면이 이 한 폭의 그림 안에 담겨 있다.

〈원행을묘정리의궤〉의 63면에 걸쳐 실어 놓은 반차도, 무려 15미터가 넘는 길이의 두루마리 형태로 색을 덧입혀 그린 〈화성원행반차도〉 그리고 〈화성행행도팔첩병〉에 이르기까지 김홍도는 기록화에서도 최고의 기량을 보여 주었고 최고의 작품을 남겼다.

"아버님, 여기 이 그림은 다 그리신 것인지요?"

김홍도의 그림들을 보던 어린 아들 연록이 한 그림 앞에서 한참을 서 있다 물었다.

"허허, 그렇단다. 네가 보기에는 그 그림이 덜 그린 그림 같으냐?"

"예, 아버님. 이 넓은 종이에 절벽의 나무와 배 위의 두 사람이 전부이지 않습니까? 종이에 비어 있는 부분이 너무 많아 허전한 듯하옵니다."

"그래? 그럼, 이렇게 조금 떨어져서 그림을 보면 어떠하냐?"

김홍도는 그림에 바싹 붙어 선 연록을 적당한 거리로 물러서게 했다.

"조금 전과 느낌이 다릅니다. 종이의 비어 있는 부분이 안개처럼 느껴지고 보이지 않던 풍경이 마음에 그려집니다."

"그래, 이렇게 그리지 않고도 그린 것과 같은 느낌을 주도록 비워 두는 것을 바로 여백이라고 한단다."

"여백이라고요?"

"그래, 그림에서는 이 여백을 어떻게 살리느냐가 매우 중요하단다. 여백을 제대로 비워 둘 때 그림은 더 깊은 맛을 품게 된단다."

〈주상관매도〉와 〈마상청앵도〉는 주제를 드러내는 사물 이외의 주변 대상을 과감히 생략하고 여백을 절묘하게 구사한 작품으로, 그림 실력의 깊이를 보여 주는 뛰어난 산수인물화이다. 김홍도는 그의 예술 전성기인 50대 전반에 수많은 산수화를 비롯한 산수인물화를 남겼다.

김홍도는 힘이 넘치는 신선도를 그렸고, 세 번의 어진 도사에 참여할 만큼 초상화에 뛰어났으며, 조선의 얼굴을 한 인물화도 최고였다. 김홍도만의 개성이 듬뿍 담긴 풍속화는 백성들의 삶을 있는 그대로 보여 주었고, 화조화와 기록화는 사진처럼 사실적이고 세심했다. 또한 부드럽고 아름답게 우리 산수를 담은 진경 산수화는 후대의 모범이 되었다. 이처럼 김홍도는 모든 분야에서 최고의 실력을 드러낸 천재 화가였다.

풍속화

풍속화는 사람들이 살아가는 일상생활의 모습을 그린 그림을 말한다. 18세기 후반 도화서 화원들에 이르러 풍속화가 꽃피었다. 당시에 풍속화는 그 자체로 개성 있는 회화로서 인정받은 동시에 임금이 백성들의 삶을 살펴보고 나라를 다스리는 데 참고하기 위한 목적에 따라 그려지기도 했다.

김홍도의 풍속화

조선 최고의 화원으로 꼽히는 김홍도의 풍속화풍은 김득신과 신윤복을 비롯한 여러 화가의 그림에 많은 영향을 끼쳤다. 김홍도는 서민들의 생활 모습을 소탈하고, 생동감 넘치고, 익살스런 모습으로 그려 냈다. 또한 중인 출신이었기 때문에 자유롭고 과감하게 현실적인 풍속화를 그릴 수 있었다. 김홍도의 풍속화는 당시 서민들의 삶을 보여 주는 기록으로서도 가치가 있지만, 무엇보다 빠르고 간결하게 그려 내는 붓놀림, 구도와 동작의 표현 등 여러 면에서 그 자체로 빼어난 예술적 가치를 지니고 있다. 대표적인 풍속화로는 〈서당〉, 〈씨름〉, 〈대장간〉, 〈벼 타작〉 등이 있다.

〈대장간〉(왼쪽) / 〈벼 타작〉(오른쪽), 김홍도

김득신의 풍속화

김득신은 스무 명이 넘는 화원을 배출한 명문 화원 집안에서 태어났다. 일찍이 열아홉의 나이에 의궤에 그림을 그렸으며, 서른여덟 살에 어진 화사로 뽑히기도 했다. 평소 동경하던 김홍도의 그림을 따라 그린 터라 김득신의 풍속화는 김홍도의 것과 분위기가 비슷하다. 하지만 〈야묘도추〉에서 마치 모든 등장인물이 살아 움직이는 것 같은 생동감을 표현해 내는 재능을 보였고, 여러 작품에서 순간을 포착하는 예리한 관찰력과 섬세한 표현 등 자신만의 개성을 뽐냈다. 대표작으로는 〈야묘도추〉, 〈귀시도〉 등이 있다.

〈야묘도추〉, 김득신

신윤복의 풍속화

신윤복 또한 김홍도의 화풍에 영향을 받은 화가이다. 그러나 소재나 구성, 표현법 등에서 김홍도와 분명한 차이를 보인다. 김홍도가 서민들의 생활 모습을 그린 반면 신윤복은 양반의 생활 모습, 그중에서도 양반들의 풍류와 남녀 간의 사랑을 소재로 삼았다. 또한 배경을 생략하고 그리고 싶은 대상의 특징을 빠른 붓놀림으로 간결하게 그려 낸 김홍도와 달리, 신윤복은 배경을 세밀하게 묘사하여 인물의 심리를 표현했으며 빨강이나 파랑, 노랑 등 원색을 과감하게 사용하여 감각적인 색채를 뽐냈다. 대표작으로는 〈단오풍정〉, 〈월하정인〉 등이 있다.

〈단오풍정〉, 신윤복

9장
애틋한 마음을 담아

"내 자네를 연풍(지금의 충청북도 괴산군 연풍면) 현감에 임명하고자 하네."

"전하, 성은이 망극하옵니다."

"그동안 고생이 많았으니 잠시 동안 여유를 즐기도록 하라. 또한 백성을 다스리는 틈틈이 연풍과 인접한, 또 다른 금강산이라 불리는 단양 인근의 아름다운 경치도 화폭에 채워 오라."

김홍도는 세 번째 어진 작업에 참가한 공을 인정받아 마흔여덟 살이던 1792년, 조그마한 고을 연풍을 다스리는 현감으로 부임했다. 안기 찰방에 이어 두 번째 벼슬이었는데, 중인 신분으로 오를 수 있는 최고의 직책으로 김홍도 일생의 큰 영광이었다.

"아이고, 사또 나리. 먹을 것이 없어 굶주리는 백성이 날로 늘고 있사옵니다."

이방이 안절부절못하며 김홍도에게 말했다.

김홍도가 부임하고 얼마 지나지 않아 연풍에서 큰불이 난 데다가 큰 가뭄이 이어지면서 굶주린 백성이 날로 늘어났다.

'내가 부족해서 고을 백성들이 고생하는구나. 이러고도 어찌 고을을 다스리는 사또라고 할 수 있겠는가.'

당시 사람들은 관리들이 바른 정치를 펼치지 못해 가뭄이 든다고 생각했다. 김홍도는 무척 마음이 아팠다.

"큰일이로구나! 이렇게 가뭄이 계속되니 농사짓는 백성들이 어떻게 살 수 있단 말이냐? 아무래도 안 되겠어. 비를 내려 달라고 **기우제**라도 올려야겠어."

김홍도가 걱정을 하자 이방이 옆에 있다가 말했다.

"사또 나리, 기우제를 올리시려면 좋은 곳이 있사옵니다."

"그래? 그곳이 어디인가?"

"상암사라고 3년 전에 부서진 기와와 허물어진 벽을 다시 세워 지은 절이 하나 있습니다."

"그래? 듣던 중 반가운 소리구나. 굶주림으로 힘들어하고 있는 백성들

기우제
고려 시대와 조선 시대에 24절기 중 낮이 가장 긴 하지가 지나도록 비가 오지 않을 때에 비 오기를 빌던 제사. 나라에서나 각 고을 또는 각 마을에서 행했다.

을 보며 얼마나 마음이 아팠던가. 비만 오게 할 수 있다면 무슨 짓이라도 하고 싶다네."

계속되는 가뭄에 김홍도는 지푸라기라도 잡는 심정으로 상암사를 찾아가 기우제를 지냈다.

"부처님, 백성들이 무슨 죄가 있다고 이렇게 힘들게 하십니까? 제가 부족하여 그런 것이니 제발 비를 내려 주소서."

정성을 기울여 기우제를 지내고 김홍도는 절을 둘러보았다. 3년 전 주지 스님이 새로 세웠다고 하나 불상의 칠이 벗겨지고 불화 또한 색이 바래 있었다.

"암자의 정결함이 고을 안에서 제일가는데, 이렇게 버려져 있다니 말이 안 되오. 내 비록 적은 돈이지만 **녹봉**을 털어 **시주**를 하겠소. 칠이 벗겨진 불상에 금을 다시 입히고 낡은 불화도 다시 그리도록 하시오."

"감사합니다, 사또 나리. 깊은 산속의 작은 사찰까지 보살펴 주시는 은덕을 부처님도 아실 겁니다. 나무아미타불."

"몇 해 전 용주사 불화를 주관한 적이 있었소. 그 인연이라 생각하시오."

"고맙습니다, 나리. 이 절은 산의 맑은 정기가 한 곳으로 모여 있어 기도를 정성껏 올리면 소원이 이루어진답니다. 사또께서도 소원이 있다면 빌어 보시지요."

"뭐 소원이랄 게 있겠소. 고을 백성들이 평안하기를 바랄뿐이오. 어서 비가 와야 할 텐데……. 음, 한 가지 있다면 내 늦도록 아직 자식이 없어 항상 불효하는 마음이었소이다. 대를 이을 아들을 낳았으면 원이 없겠소."

"시주까지 해 주셨으니 그에 대한 보답으로 제가 성심껏 불공을 올리겠습니다."

"허허, 그리해 주시겠소? 마음이라도 고맙소이다."

스님이 열심히 기도를 해 준 덕분인지 신기하게도 김홍도는 마흔여덟의 나이에 늦둥이 아들을 얻게 되었다. 김홍도의 기쁨은 이루 말할 수 없었다. 스님들과 마을 사람들은 김홍도가 착한 일을 한 보답을 받은 것이라면서 함께 기뻐했다.

김홍도는 아들의 이름을 '연록'이라고 지었다. 연록이란 '연풍 현감으로 나라의 월급인 녹을 받고 있을 때 얻은 아들'이란 뜻이 담긴 이름이었다.

"소식 들었나? 요즘은 하루하루 끼니도 잇기 힘들대! 쯧쯧, 어린 것이 안됐어."

사람들이 김홍도의 아들 연록을 보며 수군거렸다.

"그러게 말이야. 하긴 김홍도를 그렇게 아끼던 임금님이 갑자기 승하하면서 김홍도가 많이 힘들어졌지 않은가. 더구나 자비대령화원이 되어 생전

녹봉
예전에 나라에서 관리에게 주던 돈이나 물품.

시주
자비심으로 조건 없이 절이나 승려에게 물건을 베풀어 주는 일.

본 적 없던 그림 시험도 젊은 화원들과 같이 봐야 했다지?"

"어디 그뿐인가. 김홍도에게 그림을 주문하고 경제적으로 후원하던 여러 양반과 상인이 몰락하면서 이젠 입에 풀칠하기도 어렵다고 하더군."

소문대로였다. 정조가 갑작스레 세상을 떠나고 김홍도 주변의 양반들과 중인들이 몰락하여 김홍도는 아주 어렵게 생활을 이어 갔다.

"이것 참, 임금의 초상을 그리는 어진 화사를 세 번씩이나 하고, 한 고을의 현감까지 지낸 분인데 어쩌다가……."

"그러게 말일세. 결국은 양반이 아니라 중인 출신 화원이라 그런 거 아니겠는가?"

"게다가 요즘은 몸이 아프고 병이 심해져서 더 이상 그림도 그릴 수 없다고 하던데."

"쯧쯧, 이제 김홍도의 시대는 끝이 난 건가?"

1805년 가을에 접어들면서 김홍도의 병은 심해졌고 자비대령화원도 그만두게 되었다. 김홍도는 병을 치료하기 위해 한적한 산속으로 들어가 생활했다.

못난 아우는 가을부터 여러 번 위독하여 죽을 뻔했습니다. 오랫동안 고생하는 사이에 한 해가 저물어 가니 온갖 근심스러운 생각이 납니다.

(중략)

보내 주신 참빗 고맙습니다. 번거롭게 하여 죄송합니다. 언제쯤 서울에 올라오십니까?

뵙고 말씀드릴 수 있기 바랍니다. 이만 줄입니다.

1805년 11월 29일, 동생 김홍도 올림

_《단원유묵첩》 중에서

얼마 전 편지를 통해 한양으로 올라올 것을 부탁받은 김동지가 김홍도를 찾아갔다.

"이렇게 올라오시게 해서 죄송합니다, 형님. 송나라 **구양수**의 〈추성부〉란 시를 마지막 힘을 내어 그려 보았습니다. 마음에 드시는지요?"

"아니, 언제 이런 큰 그림을 그렸나? 몸도 성치 않으면서."

몸져누워 있던 김홍도는 동지가 지나 사흘째 되는 날, 힘겹게 몸을 추슬러 자신의 마지막 작품이 될지도 모를 〈추성부도〉를 그렸다. 산중에 있는 서재에서 창밖의 둥근달을 바라보며 시를 읊고 있는 한 선비를 그린 그림으로 가로 길이가 2미터가 넘는 대작이었다.

"그래, 역시 단원이라는 이름에 걸맞은 그림일세. 그런데 바람이 불어 뜰이 쓸쓸하고 스산한 게 꼭 지금의 자네 처지처럼 느껴지는구먼."

"제 맘이 아니라고 할 수는 없겠지요."

구양수
중국 송나라 때의 문인이자 정치가(1007~1072). 호는 '취옹'으로, 시와 글씨로 이름을 날렸다. 특히 '구양수체'라는 서체가 있을 만큼 서예 실력이 빼어났다.

"아니, 근데 자네 얼굴이 이게 뭔가? 그냥 두어서는 안 되겠어. 약은 먹고 있는 겐가?"

"예, 챙겨 먹고 있으니 걱정 마십시오. 전 임금님의 지극한 사랑을 받으면서 화원으로서 누릴 수 있는 것들을 다 누렸건만 어린 연록에게는 아비 노릇을 제대로 하지 못해 항상 미안했습니다. 연록에게 글도 가르쳐 주고 살아온 경험도 들려주고 싶은데 이렇게 늙고 병들어 마음만 앞설 뿐이니……."

"연록이를 생각해서라도 자네가 힘을 내야지."

김홍도는 어린 연록이 늘 마음에 걸렸다. 더구나 병이 심해져 산속으로 들어오면서부터는 가까이에서 지켜 주지 못해 미안한 마음이 더 커졌다.

'평생을 화원으로 살아왔으면서도 하나밖에 없는 아들의 그림 공부 하나 제대로 못 시키고 이렇게 늙어 버렸구나. 아비 없이 앞으로 살아갈 연록이가 가엾고, 아무것도 못 해 주고 이렇게 떠나야 하는 나 또한 가엾구나.'

차가운 방에 홀로 누워 있던 김홍도는 깊은 한숨을 내쉬었다. 산으로 올라오던 날 연록이와 나누었던 말이 다시 생각났다.

"아버지, 저는 아버지처럼 훌륭한 화원이 되고 싶어요. 산에서 내려오시면 저에게도 그림 그리는 것을 가르쳐 주세요."

"그래, 아비가 병이 나으면 그림을 가르쳐 주마. 우리 연록이는 나보다 더 뛰어난 화원이 될 수 있을 거야."

"아버지보다 뛰어나긴 힘들겠지만 최선을 다해 배울게요. 아버지, 약속했어요?"

"그래, 약속하마. 약속해."

아버지의 소식을 기다리고 있을 아들의 얼굴이 떠올랐다. 김홍도는 힘을 내어 간신히 자리에 앉아 떨리는 손으로 붓을 잡았다.

아들 연록 보아라.

날씨가 이처럼 차가운데 집안 모두 편안히 지내며 너는 공부 잘하고 있느냐? 내 병은 네 어머니에게 부친 편지에 이미 자세하게 썼으니 더 말하지 않으마. 또한 아마 김동지가 가서 직접 이야기하였으리라 생각한다. 너의 훈장 선생에게 드릴 수업료를 보내지 못하는 것이 한탄스럽구나. 정신이 어지러워 더 쓰지 못하겠구나.

1805년 12월 19일, 아버지가 쓴다.

_《단원유묵첩》 중에서

"어르신, 불쑥 이리 찾아뵈는 것이 도리가 아닌 줄 아오나 먼저 인사 올립니다. 저는 양기라 하옵고 도화서 화원이셨던 단원 김홍도가 저의 **선친**이십니다."

김양기가 충청도 관찰사이자 당대의 대문장가인 홍석주에게 고개를 숙

선친
다른 사람에게 돌아가신 자기의 아버지를 이르는 말.

이며 말했다. 김홍도가 세상을 떠난 뒤 연록은 자기 이름을 김양기로 바꾼 터였다.

"자네가 단원의 아들이라고? 반갑네, 반가워. 그래, 자네는 요즈음 무얼 하며 지내는가?"

"근래에 **추사** 어른 밑에서 그림과 글씨 공부를 하고 있습니다."

"기특하구먼. 아버지의 명성을 이어 갈 수 있도록 부지런히 정진하게."

"예, 명심하겠습니다."

"그래, 여기는 어쩐 일인가?"

"저는 선친께서 아프고 힘들어하실 때 모시지도 못하고 돌아가시는 모습도 지키지 못한 불효자입니다. 선친께서 남기신 편지와 시문을 한데 모아 책으로 엮어 선친 대하듯 하여 조금이나마 아버님에 대한 불효를 씻고자 하옵니다."

"허, 지극한 효심이구나."

"아버님과는 많은 **교유**를 하신 것으로 알고 있습니다. 훗날 큰 교훈으로 삼고자 하오니 서첩의 서문을 써 주실 수 있으신지요?"

"단원과 자네를 위한 글이니 당연히 써야지. 그래, 가져온 편지와 시문을 보여 주게나."

내가 단원을 안 지 오래되었으나 풍속화에 솜씨 있다는 것을 알았을 뿐이었다. 그가 죽은 후에 《해산첩》을 얻어 보고 난 후 비로소 그가 풍속화에만 경지에 이른 것이 아님을 알았고, 이제 그의 서첩을 얻어 보고

서 또 그 예술이 그림에만 머물지 않았음을 알았다.

　(중략)

　단원에게 아들이 있어 양기라고 하는데, 능히 이 서첩을 보배롭게 지키고 또 능히 그 부친의 예술을 대물림하여 한 시대에 이름이 났다. 이것은 단원이 복을 쌓아 자식에게도 복을 끼친 것이니 또한 사람들이 채 알지 못하는 바가 아닌가?

　양기는 힘쓸지어다. 뒷사람들로 하여금 단원을 자주 일컫게 하고, 알지 못하는 바를 더욱 알게 하는 것이 이 첩에만 달려 있지 않도다.

　무자년(1828) 1월 9일, 연천 홍석주가 제하다.

_《단원유묵첩》 서문 중에서

　단원이 세상을 떠나고 한참 뒤, 김양기는 부친 김홍도의 편지와 시문을 모아 《단원유묵첩》을 엮었다. 또한 김홍도와 교유했던 이들을 한 사람 한 사람 예를 다하여 찾아가 서첩에 실을 글을 받았다. 당대의 최고 문장가였던 홍석주뿐만 아니라 명필로 이름을 떨치던 신위와 여러 사람의 문장까지

추사
조선 후기 실학자인 김정희(1786~1856)의 호. 추사체를 창안했으며, 불교학 등의 학문과 문학, 예술에 걸쳐 여러 방면에 뛰어났다.

교유
서로 사귀어 놀거나 가까이 지냄.

박달나무 동산
단원

받아 서첩의 앞뒤로 묶었다.

    당대 최고의 화가로 대접받는 것도 모자라 현감이라는 자리에까지 오를 정도로 화려한 삶을 살았던 단원 김홍도. 그러나 노후에는 질병, 가난과 힘겨운 싸움을 해야만 했다. 뒤늦게 얻은 귀한 아들에게조차 가난을 대물림해야 했던 노년의 김홍도의 심정은 어떠했을까. 그런 힘겨움 앞에서도 김홍도는 삶의 여정을 되돌아보며 소탈한 선비의 삶을 추구했던 자신의 작은 소망을 〈추성부도〉라는 작품에 담아냈다. 아들 김양기 또한 그러한 아버지의 정신과 마음을 느꼈을 것이다. 《단원유묵첩》의 표지에는 아버지를 향한 애틋함과 그리운 마음을 담아 김양기가 직접 쓴 글이 남아 있다.

    "못난 아들 양기가 **삼가** 꾸몄다."

삼가
존경하는 마음으로 조심스럽고 정중하게.

● **김홍도에게 묻다**
  오늘날의 우리들이
  알고 싶은 이야기

Q 선생님은 중인으로 태어나셨는데 어릴 적에 그것 때문에 서러웠던 점이나 힘든 점은 없었나요?

김홍도: 제가 태어난 시대는 중인 출신이라고 해도 능력만 있다면 벼슬도 할 수 있고 돈도 벌 수 있는 좋은 시대였답니다. 중인 출신인 제가 명문 사대부인 강세황 선생님의 제자가 될 수 있었던 것도 그 덕분이었죠. 어릴 적에는 뛰어난 그림 재주를 높이 평가해 주시는 여러 양반들의 칭찬을 많이 받으며 씩씩하게 성장할 수 있었답니다.

오히려 어른이 되어서 힘든 일을 많이 겪었답니다. 임금님께서 벼슬을 내리셨을 때 많은 양반들이 제가 중인 출신이라는 이유로 반대를 했죠. 또한 그림을 그릴 마음이 생기지 않았는데도 양반들에게 불려 가 그림을 그려야 하는 일도 적잖이 겪었고요.

Q 선생님은 화원이 되기 위해서 어떤 점을 노력하셨나요?

김홍도: 사람들은 저를 보고 타고난 재주를 가진 천재라고 말했어요. 실제로 어릴 때부터 그림 그리는 실력이 뛰어나 칭찬도 많이 받았죠. 하지만 타고난 그림 실력만 가지고는 훌륭한 화원이 되기 힘들답니다.

저의 스승이신 강세황 선생님은 그림은 마음에서 나오는 것이기 때문에 학문적인 수양을 게을리하지 말라고 항상 말씀하셨어요. 그래서 전 글을 읽고 쓰고, 시를 짓고 악기를 연주하는 일도 게을리하지 않았답니다. 학문을 닦는 데에도 아주 많은 시간을 보냈죠. 이런 학문적인 수양이 화원이 되었을 때 좋은 그림을 그리는 바탕이 되었답니다.

Q 선생님이 그린 그림들 중 1등을 뽑자면 무엇일까요?

김홍도: 이것 참, 너무 곤란한 질문이네요. 모든 그림에 다 1등을 주고 싶은데 욕심인가요? 제 경우엔 나이에 따라 그리고 싶은 그림의 소재와 주제가 달랐던 것 같아요. 30대에는 힘이 느껴지는 신선도와 인물화, 풍속화를 많이 그렸고 40대에는 섬세한 화조화, 50대에는 여백을 살린 산수화를 많이 그렸죠. 나이에 따라 그림에 따라 최선을 다해 후회 없이 그림을 그렸답니다. 그래서 모두 1등을 주고 싶어요. 여러분도 무슨 일을 하든 매 순간에 최선을 다하는 삶을 살았으면 좋겠어요.

Q 선생님께 정조 임금님은 어떤 인물이었나요?

김홍도: 정조 임금님이 역사적으로 조선 시대 최고의 임금 중 한 명으로 평가받고 있다지요? 저에게도 최고의 임금님이었답니다. 김홍도란 이름이 역사에 남을 수 있었던 건 모두 정조 임금님 덕이라고 생각해요. 저의 그림 솜씨를 높이 평가해 주셔서 그림에 관한 많은 일을 맡겨 주셨을 뿐만 아니라 중인 출신이 할 수 있는 가장 높은 벼슬도 내려 주셨죠.

임금님의 각별한 사랑은 저를 더욱더 성장시켰고, 그런 임금님을 위해 저는 오직 최선을 다해 최고의 그림을 그리려고 노력했답니다. 전하의 꿈을 저의 붓 끝에 실을 수 있어서 너무나 행복한 시간이었어요. 여러분도 인생을 살면서 여러분을 인정해 주고 각별히 아껴 주는 소중한 사람을 꼭 만나게 될 거예요.

Q 자신의 꿈을 이루기 위해 노력하는 오늘날 어린이들에게 해 주고 싶은 말씀이 있으면 해 주세요.

김홍도: 먼저 자신이 무엇을 좋아하는지, 그리고 무엇을 잘하는지를 생각해 보아야 해요. 그것을 바탕으로 자신의 꿈이 무엇인지 분명하게 정해야 합니다. 전 어렸을 때부터 타고난 그림 재주로 인해 인생의 꿈을 일찍 정할 수 있었답니다.

하지만 그것보다 더 중요한 것은 그 꿈을 이루기 위해 꾸준히 노력을 하는 거예요. 재능이 있다고 해서 누구나 꿈을 이룰 수 있는 것은 아니에요. 사람들은 저더러 타고난 재주 덕분에 최고의 화원이 되었다고 말하지만 사실 저로서는 조금 억울한 면도 있답니다. 타고난 능력도 물론 있었지만 그것에 더하여 잠도 자지 않고 연습에 연습을 거듭한 노력이 있었기에 최고의 그림들을 그릴 수 있었으니까요. 여러분도 꿈을 이루기 위해 끊임없이 노력하는 사람이 되세요.

김홍도가 걸어온 길

- 1772년   김응환이 김홍도에게 〈금강전도〉를 그려 선물함.
- 1773년   영조 어진 제작에 참여함.
- 1774년   사포서 별제가 되어 강세황과 함께 근무함.
- 1776년   영조가 승하하고 정조가 즉위함.
  〈군선도〉, 〈규장각도〉를 그림.
- 1778년   〈행려풍속도〉, 〈서원아집도〉를 그림.

- 1745년   태어남.
  (태어난 날과 장소는 확실하지 않음.)

1750   1760   1770

- 1763년   강세황, 심사정, 최북 등과 함께
  〈균와아집도〉를 그림.
- 1765년   21세에 이미 화원이 되어
  궁궐 행사를 기록한
  〈경현당수작도〉를 그림.

- 1751년 무렵   강세황에게 그림을 배우기 시작함.

- 1790년　용주사 대웅전의 〈삼세여래후불탱화〉 제작을 책임짐.
- 1791년　스승 강세황이 세상을 떠남.
　　　　　정조 어진 제작에 참여함.
- 1792년　충북 연풍에 현감으로 부임함. 아들 연록이 태어남.
- 1795년　〈원행을묘정리의궤〉 삽화 제작을 책임짐.
　　　　　〈을묘년 화첩〉을 그림.
- 1796년　〈병진년 화첩〉, 〈서직수 초상〉을 그림.

- 1800년　〈주부자시의도〉를 그림.
　　　　　정조가 승하하고 순조가 즉위함.
- 1801년　〈삼공불환도〉를 그림.
- 1804년　자비대령화원으로 선출됨.
- 1805년　〈추성부도〉를 그림.
- 1806년　세상을 떠난 것으로 추정됨.

1780　　1790　　1800　　1810

- 1781년　정조 어진 제작에 참여함.
- 1784년　경북 안기에 찰방으로 부임함.
　　　　　이 무렵 '단원'이라는 호를 사용하기 시작함.
- 1788년　김응환과 함께 금강산을 여행하고
　　　　　〈금강산도〉를 그림.
- 1789년　이명기와 함께 동지사 일원으로 청나라에 감.

- 1818년
아들 연록이
아버지의 글을 모아
《단원유묵첩》을
엮음.